輝く人生を送るためのスピリチュアルガイドブック

精神世界の歩き方

スピリチュアル
リーダーたちから
教わったこと

小笠原 英晃
（おがさわら　ひであき）

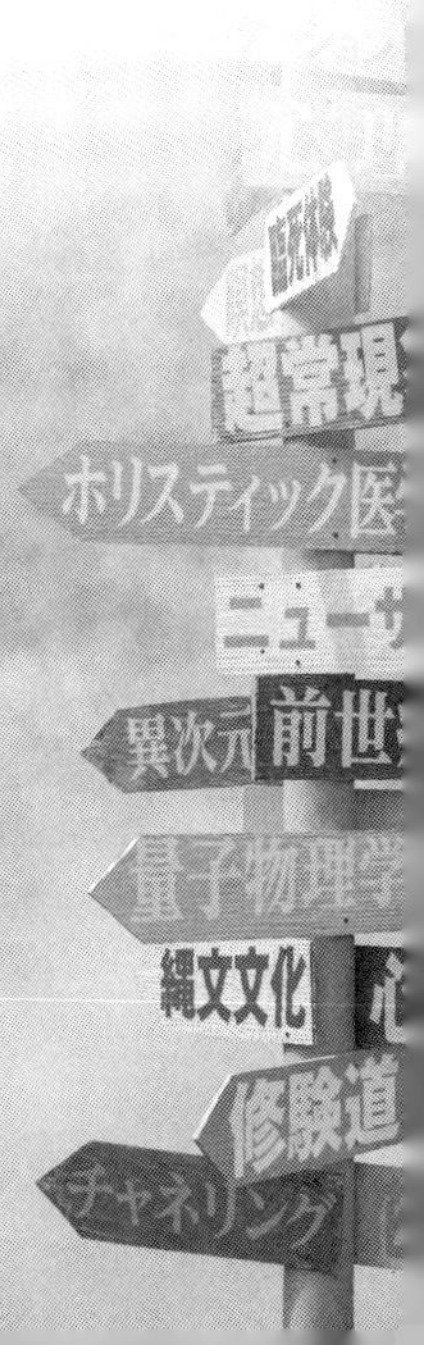

BAB JAPAN

はじめに――自己紹介をかねて

僕が精神世界に感心を持つようになったわけ

この本は、出版業界で主に精神世界・スピリチュアルな分野に30年ほど関わってきた僕が、取材を通じて出会った「見えない世界の専門家たち」から学んだことや、個人的な体験を通して気づいたことなどをまとめたものです。

見えない世界の専門家たちとは、主に次のような方々です。

霊能者、宗教家、ヒーラー、スピリチュアルカウンセラー、セラピスト、チャネラー、ホリスティックドクター、ニューサイエンティスト、アニマルコミュニケーター、量子物理学者、瞑想・ヨガ指導者、心理学者、神秘学研究家、超心理学研究家、コンタクティー、UFO研究家、古代史研究家、先住民の長老、臨死体験者、前世の記憶を持つ人たちetc.。

本書では、僕が捉えている見えない世界のエッセンスについて、各章のテーマごとにまとめるとともに、巻末に日本エドガー・ケイシーセンターの光田秀会長との対談、そして日本のスピリチュアルムーブメントの流れを収録させていただきました。

過去の取材対象者については、一部の方々のお名前を参考までに後述させていただくとして（264ページ）、はじめに自己紹介をかねて、僕の個人的な体験について述べておきます。

＊　＊

僕が見えない世界に関心を持ち始めたのは中学1年の頃です。その当時、家庭の事情などの理由によって言いしれぬ孤独感から自殺を考えていたのですが、ちょうど同じ時期に祖母が精神を病んで自殺をしてしまったことから、ますます魂やあの世への関心が深まっていきました。

僕が自殺を思いとどまることができたのは、音楽の先生のある言葉によって自殺衝動へのブレーキがかかったことと、自分の守護霊（スピリチュアルガイド）からのメッセージによって、わずかながら生きる希望が見出せたからです。

音楽の先生は、「自殺をした若者が真っ暗闇の世界でさまよっていて、自殺したことをとても後悔している」という話をなぜか授業中に突然し始めたのですが、僕はその言葉を聞いた瞬間に、「そんな暗い世界なら行くのはやめよう」と単純にそう思ったのです。

守護霊からのメッセージというのは、とにかく僕は生きる理由、目的が知りたくて、「何のために生きるのか、それがわからないと生きていても仕方ない。生きる意味を教えてほしい」と守護霊に訴え続けていたら、「人生の目的はできるだけエゴをなくすこと」という、とてもシンプルな回答が得られたのです。

それで少し心が楽になったものの、祖母の自殺のあと、家族が祖母を追い込んでしまったのではないかと、ジワジワと心が締めつけられ、キリスト教の教会に通ったりしたものの、僕にとっては心の救いにはなりませんでした。

見知らぬ霊能者が自殺した祖母からの伝言を伝えにきた

守護霊からの回答の深い意味もよくわからないまま自暴自棄になり、すさんだ生活を送った中学時代。そして、勉強やスポーツにも関心が向かず、これといった目標もないまま高校に進学しました。

入学式の日、巨大なコンクリート校舎の中に大勢の生徒が吸いこまれていく姿を見て、なぜか僕の目にはその光景が軍隊のように見えて、「ここに染まってはいけない」という身体の拒絶感を覚えました。

生気のない高校生活を何とかやり過ごせたのは、街の手相占い師から、「あなたは将来、宗教ではないけれど宗教的な世界で生きていく」と言われ、なぜか「そうだ！」という確信めいた希望が持てたからかもしれません。

やがて大学に入ると、短期間にいくつかの新興宗教団体を巡る一方で、精神世界系の書籍をむさぼるように読破。その間、一所懸命に祖母の供養に励み、自分なりに供養の意味が理解できたころ、実家の母親から一本の電話がありました。

母が言うには、見ず知らずの霊能者らしき女性から、「お宅の玄関前で光輝いている人が私を呼び止めて、家の人に『もう大丈夫だからと伝えてほしい』と言われたので……」といきなり告げられたとのこと。僕は、「あぁ、祖母はもう大丈夫なんだ」と安堵し、あの世との繋がりを実感しました。

社会人になってからは、複数の出版社で社員編集者として働き、おもに精神世界や未踏科学の探求者の方々に出会って大いに触発され、フリーになってからもスピリチュアル系や健康系の分野で活動してきました。

今から20数年前、まだ精神世界が一般に浸透していない時期に、当時携わっていた雑誌（『パワースペース』）で、「サイババ」や「ヒーリング」の特集を組んだり、阪神淡路大震災の約1年半前に「大地震が来る！」という特集を組んで警鐘を鳴らしたりしました。その後入った雑誌（『ボーダーランド』）の編集部では、UFO研究家たちに取材をして相関（系統）図をまとめたり、宇宙人からコンタクトを受けたアブダクティの証言や奇跡の現場を訪ねる現地取材をしたり等々、今思えば、とても貴重な体験をさせてただきました。

また、従来の霊媒師とは少し異なるチャネラーという存在が、プレアデスやシリウスといった宇宙存在からのメッセージを仲介するチャネリング情報に触れたのもこの頃で、今再ブームが起きている「バシャール」にしても、当時はごく一部の精神世界オタク(!?)しか感心を示していなかったことを思うと、隔世の感があります。

一方、個人的には30代から40代にかけて、結婚、離婚、失業、貧乏生活、うつなどを体験し、人生のどん底の中にあって、とことん自分自身と向き合う期間が7年間ほど続きました。

詳しくは本文で述べますが、うつ体験は僕にとって、それまで学んできたスピリチュアルなことがらを、腹の底に落とし込むための孤独な期間でもありました。

中学以来、再び沸き起こる自殺願望と生きる意味の確認作業との格闘で、息苦しい日々を過ごしましたが、元妻やガイドの見えないはからいによって、ようやく長いトンネルから抜け出すことができたのは40代後半、それは僕にとって〝魂の井戸掘り〟の期間でした。

そんな体験を経て気づいたのは、たとえどんなにすばらしいスピリチュアルな理念や理想に触れたとしても、その解釈と運用を誤ると、目指していた方向とは真逆の方向に進んでしまうこともある。そして、地に足のついたスピリチュアリティこそが、暴走しがちなエゴを制御し、魂の歓喜をもたらす、ということでした。

何かに背中を押されるように信州の地へ移住

何かに背中を押されるようにして都市部から地方へ移り住んだのは、ちょうどその頃。知り合いもおらず、引っ越し資金もギリギリ、そして仕事のあてもないまま移住を決断したのは、3人の能力者からそれぞれ別々に「あなたは信州の土地（山・龍）に呼ばれている」と助言を得たことと、仕事で知りあった知人から「使っていない別荘があるのでどうですか？」と声をかけてもらったからです。

またそれ以前に、スピリチュアルガイドから「この土地（当時住んでいた都市部）を離れなさい」というメッセージをもらっていたことも、移住に対する心の不安を打ち消すのに役立ちました。

とはいえ、移住を決めるまでは「今の都会生活から逃げるのではないか？」「見知らぬ土地に行っても路頭に迷うだけ」といった脳のざわめきはずっと続いていました。が、その頃、脳の反応とは別に、僕のハートのスイッチを押してくれるような出来事もありました。

ある日の朝、玄関を出て10メートルほどの間にマンションの鍵がなくなっていて、途中落としたわけでもなく、なぜか突然消えてしまったことがあり、そこで、天使と対話をしているという知人に鍵のありかを聞いてもらうことにしたのです。

その知人が言うには、「その鍵は私たちが預かっています。もし今後、その鍵があなたにとって必要なら出てくるでしょう」と天使が言っているとのことでした。

それ以前から、ガイドから「ここを離れなさい」とのメッセージを受け取っていたこともあって、「もう都会を離れなくてはいけない時期なんだ」と抵抗しようとする脳を何とか説得し、引っ越しを決めたのですが、鍵はどんなにくまなく探してもついに出てこなかったことから、「やっぱりここを出るのを促されていたんだ」と納得。

そうして、美しいアルプスの山々に囲まれた信州の地にご縁をいただき、森の中で暮らすようになってから、魂のご縁ある人たちとの出会いが続きました。おかげさまで仕事についても、出版関係の仕事も途切れることなく、東京と信州を行き来するようになり、事前にスピリチュアルカウセラーから言われていた「東京と信州を行き来する生活になる」との言葉どおりになりました。

信州の森は、僕の人生の再生スイッチを押してくれたようで、圧倒的な大自然の力に魅了されながら自己と向き合う中、ある日不思議な体験をしました。

小春日和の日、北アルプスが見渡せる高台の公園で、一人芝生に寝転んでボーッとしていたら、目の前をトンボがたくさん飛んでいたので、ふと気持ちが通じそうに思って「僕の身体に止まってくれない？」と心の中で呼びかけました。

すると、1匹、2匹と足先から両腕にかけて次々に止まり始め、計40匹のトンボたちが僕の全身に隙間なく止まってくれたのです。

「でも、偶然かも!?」。そう思って、しばし経過観察。1匹が飛び立つと、空中で待っているトンボがすかさず同じ場所に着地。なので、40匹がずっと身体に止まったままの状態で、10分間が経過しました。

「これは偶然ではあり得ない」、そう確信した僕は、心の中で「わかった、通じたんだね。ありがとう！」とお礼を言ったその瞬間、トンボたちは僕の心の声を聞き取ったかのように次々にパタパタと青空に向かって飛び立っていったのです。

さらにそれから数年後、自宅近くの別の場所でも同じような現象が起こりました。

そして、トンボと並行して体験したのが、鳥との対話です。

野鳥がいつも至近距離に近づいてくるようになって、「何かメッセージを伝えてくれようとしているのかな」と感じた僕は、心の中で「もっとわかるように知らせて」とお願いしたところ、エサも与えていないのに数羽の鳥がベランダの物干しに止まって休んだり、部屋の中に入ってきてグルグル旋回するようになりました。

そのときは、やっぱりわかるのかなと思って嬉しくなったものの、そのうちに意識から薄れていき、しばらく経った頃にもう一度呼びかけてみたくなって、「またはっきり示してほしい」と願って夜寝床につき、翌朝起きてリビングに向かうと、床の上に1羽の野鳥がポツンと居たのです。

窓はどこも開いておらず、玄関の扉も一度も開けていない。なので、思わず「エッ!? 何で?」と驚いたものの、その瞬間、その鳥が「呼んだよね」と言ったように感じ、「あぁ、呼んだ、呼んだ、来てくれてありがとう」と言いながら外に出してあげました。

鳥との対話は、以前イルカと触れあったときの感覚を思い出させてくれ、僕は、「もっと自由に生きていいんだよ」という彼らからのメッセージを大切に受け取ったのでした。

僕たち人間が心の壁を外しさえすれば、自然界の仲間たちとも自由に対話ができ、完全に繋がることができる――トンボや鳥の体験は、それを確認させてくれたように思います。

スピリチュアリティとは、見えない繋がりを取り戻すこと

スピリチュアリティとは、見えない繋がりを取り戻すこと。

これは、これまで取材させていただいた方々から学んだキーワードの一つでもあります。

見えない世界の対象は、宇宙、自然、天界（神霊界）、先祖、自然霊、グループソウル（類魂）やソウルメイト、過去世（前世）や未来世、宇宙人や多次元のエネルギーの存在等々だけ

でなく、自分自身、他者との関係、動植物から微生物に至る万物であり、スピリチュアリティとはそれらすべての存在との繋がりを意味します。

すべての存在は一つの同じ源から分化したもので、あらゆるものが見えないエネルギーで結ばれているからです。

そのような、スピリチュアルな分野の知見や見えない世界の叡智については、すでにさまざまな人たちによっていろんな形で表現されていて、そのことは皆さんもよくご存知のことと思います。

僕は30年間精神世界の旅を続けてきて、今、このように感じています。

よく山登りにたとえられる真理の探究。

今、たくさんの人たちがそれぞれの人生のルートを通って同じ山の頂にたどり着き、そこから見渡せる360度のすばらしい風景を目のあたりにして、魂の歓びとともに、その感動を多くの人たちと共有しはじめている、と。

スピリチュアルな視点に立つならば、人生とは、そのような真理や覚醒に至る山登り。

どのルートを登るかは人それぞれですが、おそらくは事前に決めてきているのでしょう。

これを魂の世界から見ると、登山者のスピリチュアルガイドたちが、山頂までの道しるべを要所要所に立て、道から転落しないように最低限の整備をし、時に背中を支え、時に足下を照らしながら、登山者が山あり谷ありの道中を経て、自分自身の足でみごと山頂にたどり着くことを心から願っている……。

登山者にはそのガイドの姿は見えずとも、ガイドの思いをキャッチするセンサーや、頂上にたどり着くためのナビゲーションは、登山者自身の中に確かに備わっています。

その魂のナビゲーションこそ、〝内なるハート〟です。

愛や叡智に満ち、真の心の平安をもたらしてくれる山頂へと至る引率者は、内なるハート。

ハートのちからこそが、必ず登頂を叶えてくれるはず。

なぜなら、ハートのちからこそがスピリチュアリティを開花させ、スピリチュアルな存在からのサポートに気づいて、感謝とともにその愛に応えようとするからです。

そして何より、ハートは自分自身の魂の成長を望んでいるがゆえに、途中どんなに挫折しても、また道に迷ったとしても、必ず山の頂を目指して歩み続ける——僕はそう信じています。

今、僕が改めて思うのは、晴れて山頂にたどりついた人たちが、その苦労を乗り越えた喜びを分かち合い、やっと正面きって魂の話ができる時代がやってきた！ということです。

自分は何のために今のこの地球、この時代の日本に生まれ、何を生きがいに、どこを目指して生きて行くのか――それを普通の人たちが普通に語りあえる時代になったのだ、と。

もちろん、山の頂は、さらに大いなる山に向かう途中のポイントであり、山を登り続けるプロセス、すなわち魂の器を広げ、ピカピカに磨くスピリチュアルな旅路は永遠に続くのかもしれません。

どうかこの本も、一つの山頂へと続く道の途中でかいま見た風景として、眺めていただければ、とても嬉しく思います。

目次

はじめに──自己紹介をかねて

Part 1 ほんとの自分

Part 2 スピリチュアリティ

Part 3
自然・宇宙

Part 4 愛

Part 5 ハートのちから

Part 6 今を生きる

Part 1

ほんとの自分

この章のテーマは、本来の自己、「ほんとの自分」です。

心理学や超心理学、スピリチュアルな視点から見ると、「ほんとの自分」とはどのような存在なのか？　僕がそのエッセンスに迫るヒントをいただいた方々の一例を挙げれば、日本において最も著名なユング派の臨床心理家として知られた河合隼雄さん、来談者中心療法を創始したカール・ロジャーズの直弟子である松本文男さん、木と対話ができた「伝説の精神科医」と呼ばれた加藤清さん、福来友吉の研究を引き継いだ超心理学者で癒やし手でもあった山本健造さんなど。

また、スピリチュアルな人間のありようについては、治療の一環としてヒプノセラピーやヒーリングを導入しているドクターの萩原優さんや過去世セラピーを行っている女医の越智啓子さん、国内有数の透視能力者として知られる木村藤子さんなどから度重なる取材を通じて学ばさせていただきました。

スピリチュアルな側面に関しては章を改めて述べるとして、心理系、超心理系いずれの方々も、近代西欧的な自我を超える自己（セルフ）についての深い見識をお持ちで、総じて言うなら、本来の自分は何ものにも縛られることのない自由さを持っており、その意味で、人生とは「ほんとの自分」に出会う旅である、とも言えそうです。

だとしたら……あなたはもう「ほんとの自分」と出会っていますか？

私たちはどこから来て、どこへ行くのか?

この問いは、おそらく人類が自意識を持ち始めてからずっと持ち続けている根源的な問いなのではないでしょうか。

この問いに関する回答は、宗教や科学、哲学や宇宙論などさまざまな観点によって異なるでしょうが、そのどれもが正解であると同時に、どれもが不充分なのかもしれません。

なぜなら、心理学や超心理学、あるいはスピリチュアルな視点から見たら、そもそも「私」という存在を意識化させる心そのものが多層構造で、一つの要素に還元したり、一面的な表現では決して言い表せないからです。

僕が「私はどこから来て、どこへ行くのか?」という問いを持つようになったのは10代の前半。今から思うと、その答えを探すためにスピリチュアルな世界への旅に出たような気がします。

ちょうどその頃に、小学校の授業で読書感想文を書くために選んだのは、『ぼくがぼくであること』(山中恒著)というタイトルの本でした。

そのときどんな感想を書いたかはすっかり忘れましたが、僕と同じ小6の男の子が家出をして未知の世界に踏み込んでいく物語にとてもシンパシーを覚え、僕が僕であるために見失ってはいけないものを何となく意識した記憶があります。

「はじめに」で触れたように、10代前半の頃に自殺を考えていた僕は、音楽の先生の一言で思いとどまることができたものの、祖母が自殺したことで目に見えない世界に引き寄せられ、「供養とは何か?」「真理とは何か?」について必死で考えるようになりました。

10代後半になると、精神世界の本と並行して心理学やトランスパーソナル心理学の本を読むようになり、「人の心は2つの層になっている」ということを知りました。それは、頭で自覚している顕在意識と、普段は意識化されていない潜在意識です。

ここからは、心の深層ついて僕が学んだ話をしたいと思います。

心理学では潜在意識のことを深層心理と言い、意識に上っている部分は10%程度、残り90%の無意識部分は自分では直接コントロールできないとされ、この心の構造はよく大海に浮かぶ氷山にたとえられます。

つまり、心は外に見えている表層部分だけではなく、表層部分に奥から影響を与えている深層部分があって、それが思考や感情などの表層意識に何らかの影響を与えていることから、各種の心理療法ではその心の奥の領域にまでアプローチしていくわけです。

ユング心理学、人間性心理学、トランスパーソナル心理学

僕がこの世界で仕事をするようになってから、ユング心理学を日本に紹介した河合隼雄さんや、ロジャースの直弟子で河合さんの先輩でもある松本文男さん（ＮＰＯ法人日本精神療法学会理事長）らと直接お目にかかることができ、またトランスパーソナル系の心理カウンセラーである岸原千雅子さんや認定プロセスワーカーの松村憲さん等々のすぐれた心理臨床家たちの取材を通じて、心（意識）の奥深さについて大いに学ばせていただきました。

河合隼雄さんは、箱庭療法の普及や臨床心理士の養成に尽力され、日本人にあった深層心理学を切り開いたことで知られていますが、河合さんのベースにあったユング心理学は東洋神秘学や西洋神秘学などの影響を受けており、さらにそこから発展して新たに生まれたのがトランスパーソナル心理学です。

河合さんが文化庁長官に任命された直後、僕が取材で「河合先生が今、一番関心のあるテーマは何ですか？」と聞いたとき、河合さんの答えは「現代の魔女」とのことでした。それはヒーラーやシャーマニックなセラピストたちのことで、「無意識領域の探求者はやはり見えない世界の深みに関心が向かうのか」と、妙にふに落ちた記憶があります。

河合さんが影響を受けたトランスパーソナル心理学は、１９６０年代にスタニスラフ・グロフやケン・ウィルバーによって創始されたもので、その特徴は、カール・ロジャーズやアブラハム・マズローらが提唱した人間性心理学の自己超越の概念を発展させて、個を超える領域への精神的統合を重んじる点です。

ベースとなった人間性心理学は、日本では最もポピュラーな心理療法として知られていますが、その特徴は、人間存在を素質や本能、特性などの部分に還元することなく、統合的存在として捉え、創造性や自己実現といった人間独自の性質を重視する点です。

そこから発展したトランスパーソナル心理学は、アウエアネス（気づき）、学び、目覚め、意識などといったスピリチュアルな要素が強く、日本トランスパーソナル学会会長の諸富祥彦さんは「トランスパーソナルとは、個の確立（パーソナル）をベースにして、絶えず自己を超越していく精神の運動を指す言葉」と述べています。

つまり、自己実現よりもより高次の欲求である「自己超越」を見据えているのがトランスパーソナル心理学です。

自己実現は、自分の中のシャドー（心の影）を統合しながら未知の可能性（潜在能力）を最大限に発揮し、自分らしさを発揮することですが、この自分らしさが＝自我レベルなのか、それとも魂レベルなのかによって、自ずからエネルギーパワーや周囲に対する影響の及ぼし方も変わってきます（もちろん、どちらが良い悪いという問題ではありません）。

それに対して、自己超越とは、マズローの「欲求の5段階説」の一番上位に位置づけられる自己実現のさらにもう一段上にあるとされる意識レベルです。

それは、自己実現を経て、真、善、美の融合、他人への献身、叡智、利己的自己の超克へと至る高次の願望を指し、この自己超越を極めると、主観と客観（二元）の区別を超えた自然・宇宙・神との忘我的合一状態（自我の喪失）、すなわち悟りにも似た「至高体験」を得ると考えられています。

仏陀やイエスなどは至高体験者の最もわかりやすい例ですが、僕はこの自我（エゴ）を超える自己超越欲求こそ、スピリチュアリティだと思います。

スピリチュアルな知識や技を、自己実現の手段として用いているような人も少なくないようですが、僕はその人にとっての自己超越、見えない世界と繋がりを取り戻す至高体験こそがスピリチュアリティの真骨頂ではないかと捉えています。

言い換えれば、自我の自己実現に対して、魂の自己実現の段階があって、それが自己超越と解釈することもできるのではないでしょうか。

もちろん、誰もが仏陀やイエスのような体験ができるということではありませんが、少なくとも、この世的な自己実現欲求だけでなく、さらなる高みの自己超越欲求を持つことは僕らのような凡人であっても可能だからです。

この自己超越の領域がスピリチュアリティと同義であるとすれば、トランスパーソナル系心理学の中でも、僕が取材を通じてよりスピリチュアルな要素が強いなと感じたのがプロセスワークです。

プロセスワークは、ユング派の心理学者アーノルド・ミンデルが中心となって1970年代に創始され、数多くのケースと研究を重ねる中で発展してきた心理的、身体的な技法です。ミンデルは、夢や身体症状にも無意識の共通のパターンがあることを見出し、自身の手法を「ドリームボディワーク」と名づけるとともに、さらに人間関係やグループのダイナミクスにも共通のパターンが見出せることに気づきました。

深層心理のシグナルは6つのチャンネルを通じて現われる

その無意識領域のパターンは、①イメージや目の動きなどの視覚、②言葉や声などの聴覚、③姿勢や小さな動きなどのムーブメント、④肌の紅潮や体温などの身体感覚、⑤対人関係を通して起きる関係性、⑥グループ内の出来事やその場の雰囲気などの世界を通して現われることから、プロセスワークでは、これらの6つのチャンネルを通じて現れてくる深層心理のシグナルに注目していきます。

そして、「現実」「ドリームランド」「エッセンス」という心の3つの次元を観察しながら、今、その人の中で何が起きているかを読み解いていくのです。

「現実」は、多くの人が現実だと合意できるレベルで、客観的事実、行動、言動など。このレベルは主に社会的な役割や立場などによって形づくられ、各々が分離した状態にあります。

「ドリームランド」とは、感情や身体感覚、思い、ビジョン、夜見る夢など、他者と合意しにくい主観的真実で、感情から生まれる役割や立場の影響下にあるため流動的です。

「エッセンス」は、ものごとが形になる前の混沌としたエネルギーであり、公平な観察者。このレベルはあらゆる存在や出来事と繋がっていて、感覚でのみ共有でき、本当の願いや最初の衝動はこのレベルから発せられると言われています。

このように、「現実」「ドリームランド」「エッセンス」という3つのレベルそれぞれに注意を向けることによって、現実面における理解と対応だけでなく、無意識下にある感情やエネルギーの状態にも気づくことができるのが、プロセスワークの特徴です。

問題を否定的に捉えるのではなく、心の葛藤を通して現われているシグナルに気づくことによって、自然なプロセス、すなわち内なるいのちの流れが促され、新たな道へと踏み出すことができるようになるのです。

僕はこの「エッセンス」の次元こそが、「ほんとの自分」の居場所であり、スピリチュアルな領域ではないかと思っています。

ようするに、「私」という心の中核には、スピリット・魂と呼ばれる聖なる領域がある。そして、その周囲は無意識層の情報（潜在意識）が取り巻いていて、それらの影響を受けながら思考や感情、価値判断などが顕在意識（自意識）として心の表層に現われるのではないか、と。

心は、他者と自分を区別する自我（意識レベル）と、自我とは別に他者（世界）と自分との境界が重なりあっている領域（無意識レベル）が存在する、ということです。

この構造を海にたとえると、深海の領域が「スピリット」、海の表面の波が「顕在意識」、深海と海面の中間にある領域が「潜在意識」で、その中には未知なる可能性と同時にさまざまな感情やトラウマなどの影の記憶も溜まっていて、海の透明度に影響を及ぼしている

――そんなイメージでしょうか。

いずれにしても、このような意識の階層構造については、多少の表現の違いはあっても本質的には同じことを言っている人たちが増えています。

一例を挙げると、僕が取材でお世話になったイーハトーヴクリニックの萩原優院長は、次のように述べています（以下、『スピリチュアルDr.に聞く！人生相談の処方箋』より）。

スピリチュアルドクターから見た「意識の仕組み」

私たちの意識は、「考える私」と「機能する私」に分けられます。「考える私」とは、前述したように、この世において刷り込まれたコアビリーフに基づく思考・行動パターンからなる自我、すなわちエゴの私です。「機能する私」とは、あるがままの自分自身で、本来、あらゆる存在たちと繋がり合っている本質の私です。

「考える私」（エゴの私）は、海面部分に相当し、常に荒波が寄せては返し、留まることを知りません。この波の一つ一つが、一人ひとりのエゴの私で、お互いに常にぶつかりながら、新たな波を起こしています。

海面から少し下の部分には、個々の波のパターンを生み出しているドラマ（物語）があります。そのドラマは、幼少の頃の体験、記憶とさらにそれの原因となった前世の体験、記憶によってつくられています。これがカルマと呼ばれるものです。

海の底に近づくにつれて、エゴの私の奥底に、安定した「本質の私」（機能する私、スピリットの私）がいることに気づきます。「本質の私」はスピリット、魂、真我、アートマン、宇宙意識、ハイアーセルフなどとも呼ばれます。

この個々のスピリットが成長を遂げるために、現実世界というドラマの中でストーリーに沿った役割を演じているのがエゴの私であり、それに気づくことによって、すべての現実は自分自身が引き寄せていたということを想い出します。

ミンデルの言う「エッセンス」、萩原ドクターの言う「本質の私」が「ほんとの自分」であって、もし人生がほんとの自分に会うための旅であるなら、それは玉ねぎの皮むき作業にも似ているかもしれません。

心のより深い領域へと意識を向けながら、現実生活の中で自己実現や自己超越を図るプロセスは、玉ねぎの薄皮を一枚一枚剥がす作業。そしてさまざまな体験を経て、やがて芯（茎）を含む玉ねぎがあらわになる状態が「ほんとの自分」の姿を知ること。

「ほんとの自分」との対面は、自分の内側にこそ永遠の平穏が、そして自分の足下にこそ真の幸せがあったことへの気づきでもあるのでしょう。

それはまた、メーテルリンクの『青い鳥』の物語のようでもあり、ゆえに人生は、時に迷ったり、困難な状況に直面して涙を流したりすることにも意味がある――そんなふうにも思えます。

私たちの身体は多層構造から成り立っている

さて、ここまでは心の構造についての話でしたが、見えない世界の探求者たちの知見によると、私たちの身体（ボディ）も多層構造になっているようです。

つまり、目に見える肉体だけでなく、チャクラやオーラと呼ばれるような精妙なエネルギー体の層によって成り立っている。僕がそれを明確に意識するようになったのは、バーバラ・アン・ブレナン著『光の手』（河出書房新社）を読んでからです。

バーバラ・ブレナンさんは元NASAの物理学者で、キューブラー・ロスが「西半球最大のヒーラー」と称した世界的ヒーラーであり、BBSHというヒーリングスクールの校長です。

『光の手』には、7つのチャクラや7層のオーラなど、人体を構成するエネルギーフィールドについて詳細に説明されており、私たちの身体はエネルギーを鋳型《いがた》とした多層構造から成り立っている、ということがよく理解できます。

のちに僕がバーバラ・ブレナンさんに直に取材ができたのは、『パワースペース』という雑誌の編集部にいた頃に、BBSHに在籍していた知人の王由衣さんがバーバラの2冊目の翻訳を手がけていた関係で、王さんにブレナン式ヒーリングやボディーワーク、フラワーレメディなどを紹介する記事を書いていただいたことがきっかけでした。

王さんからの海外情報の提供や、バーバラさんの日本における活動の取材等を通じて、当時の最先端のヒーリング事情や各種のエネルギーワークの存在とその価値を知ることになりました。時代背景としては1995年に『光の手』の翻訳本が発売されたあと、レイキをはじめ、さまざまなヒーリングテクニックが海外から日本にもたらされた頃で、それに伴って2000年以降ヒーリングという言葉が一般に浸透し始めました。

その間、さまざまなタイプのヒーリングを取材したり、また個人的にも学んできましたが、体系立てて生体エネルギーシステムを研究し、一般向けに開示した先駆者は、やはりバーバラ・ブレナンさんで、僕が何度かお会いした中で感じたのは、科学者としての聡明さと愛に満ちた豊かな人間力でした。

他にも、各種のヒーリングやすぐれたヒーラーたちから僕が学んだのは、「深い癒やしは心身の浄化と再生を促す」こと、そしてそれは、「愛と調和に満ちた場との共鳴によって起こる」ということ。それを示唆するような、こんな言葉があります。

ヒーラーは生命力が賦活《ふかつ》する場の提供者

「ヒーラーは場のコーディネーターである」。

これは、英国出身の男性看護師でホリスティック・タッチというヒーリングテクニックを創始したアダラーコリンズ・慈観さんの言葉です。

心身の深い癒やしと再生を促す呼び水となるのは、生命力が賦活する場の提供であり、その調整役、媒体となれるのが、すぐれたヒーラーである――僕はこの言葉をそんなふうに解釈しました。

慈観さんは、2003年より福岡県立大学看護学部において文科省の認可を得た日本初のヒーリングカリキュラム教育を学部生対象に行い、同時に地域住民に対してもヒーリング教育およびヒーリング講習会を実施。2009年以降は東京でホリスティック・タッチのプロフェッショナルコースを開催し、これまでに数多くのセラピストを輩出しています。

そして現在は、地元熊本県で自給自足を目指した農場運営と、国際看護学教授として教育・研究を行う傍ら、ホリスティック・タッチの指導も続けており、それを学ぶ日本の看護師たちも増えているようです。もちろん、ブレナン式ヒーリングやホリスティック・タッチ以外にも医療よりのヒーリングがいくつかあって、それらを学んでいる人たちの中には、医師やナースなどの医療関係者も少なくありません。

彼・彼女らは、患者に対して部分的、機械的にアプローチする今の西洋医学の限界を感じていて、ボディ・マインド・スピリットまでをも含んだ、統合的なアプローチを心がけるホリスティックな医療を求め、それを志している点で共通しています。

最近話題になった、白鳥哲監督による映画『リーディング〜エドガー・ケイシーが遺した、人類の道筋。〜』も、「ホリスティック医学の父」と呼ばれたエドガー・ケイシーに関するものですが、この映画に登場する人たちも同様に、見えない世界（生命場）、聖なる祈りやスピリチュアリティをとても大切にしており、この映画はこれからの医療のあり方を指し示している点で、とても先駆的です。

見えない意識の世界へダイブすることで「ほんとの自分」に出会える

僕は、日本ホリスティック医学協会名誉会長の帯津良一さんや、現在の会長である降矢英成さんなど、ホリスティック医学の普及に尽力されてこられた方々にもたくさん取材をさせていただきました。

そのような先見の明のあるドクターやセラピストの方々のご努力には、頭が下がるばかりですが、一方で、残念ながら日本ではホリスティック（医学）という概念がまだ一般には浸透しているとは言いがたいのが現状です。

その理由の一つに、ホリスティックという言葉に対するピッタリな訳語がないということもあるかもしれません。

ホリスティックとは、全体は部分の総和以上のシステムであるとする「ホーリズム」の形容詞で、一般に「全体論」と訳されます。そのような哲学的な生命観に立脚している日本ホリスティック医学協会の定義によると、「ホリスティック医学では、身体だけでなく、目に見えない心や霊性を含めた〝Body-Mind-Spirit〟の繋がりや環境まで含めた視点で健康を考えます」とあります。

つまり、健康を単に身体症状や精神症状などの要素に還元して捉えるのではなく、その人の霊性や生活環境までをも含めてまるごと捉え、本人の自然治癒力が賦活するように多角的にアプローチしていくのがホリスティックな医学（医療）です。

ちなみに、僕自身は、ホリスティックとは「多次元的な目差し」であると捉えています。つまり、目に見える3次元の場だけを対象とするのではなく、精妙なエネルギーの層から成り立っているあらゆる場や存在に対して、常に多次元的な目差しを持って接すること。

このホリスティックな目差しを自分自身に向けることで、「ほんとの自分」が見えてきます。

ようするに、「ほんとの自分」と出会うためのキーポイントは、「意識のダイビング」と「ホリスティックな多次元の目差し」です。

「ほんとの自分」に出会うためには、他者からの評価や役割といった表面的な「仮面」（ペルソナ）ではなく、多次元的な視点から「仮面」を取ったありのままの自分の姿を見つめていくことで、これが心の奥底の領域へと向かう意識のダイビングです。

というわけで、僕なりに捉えている「ほんとの自分」について述べてみたいと思います。

◎「ほんとの自分」は意識の表面ではなく、意識の底にあるもので、海にたとえると「深海意識」と呼ぶことができるかもしれません。

黙想、瞑想、ヨガ、内観などは、その深海意識にいたる方法の一つで、脳波でいうと、α波～θ波の状態。呼吸が深まって意識が沈静化し、静かな領域に入ると「ほんとの自分」（深海意識）が表面意識とシンクロナイズしてきます。

たとえば、何か困難な自体に直面したときなどに、頭ではこうしたほうが良いと思っても、ハートが「そっちじゃないよ」と直感（直観）を通じてサインを送ってきて、自我に基づく思考に従うか、それとも直観や身体感覚、良心なども含む暗黙知（暗黙の次元の知性）に従うか迷うことがあります。

あるいはまた、普段慌ただしく暮らしている中で、ふとしたときに、傍にいる見えないもう一人のワタシが、何となく本当のことを諭してくれているように感じることもあるでしょう。このような直感（直観）や、別の視点から見ているもう一人のワタシこそが、自我とは異なる深海意識です。

◎深海意識は、潜在意識の中のノイズの影響を受けないので、一切分離のない一元の世界（虚空）からもたらされる5次元情報（愛や叡智）を、3次元の今、ここにそのままダウンロードすることができます。

◎「ほんとの自分」＝深海意識の一番外側を覆っているのが、「自我意識」です。
自我には、自分と他者をはっきりと区別し、自立と個性を発揮するためのポジティブな側面と、超自我と呼ばれる「ほんとの自分」からの声を軽視または無私して暴走してしまうネガティブな側面があります。そのため、深海意識との繋がりが希薄になればなるほど、自我は利己的な思考・行動をとりやすくなります。

◎自我そのものは、この世で生きて行くために必要なものですが、深海意識による制御が緩いと暴走しがちで、何事も過去の出来事や自分の体験だけに基づいて独断的に判断しようとしたり、不安や怖れに対して過敏に反応し、時に過剰防衛から他者を攻撃したり、責任転嫁しようとする傾向があります。これがいわゆる「エゴイズム（自己中心主義）」。それゆえ、スピリチュアルな分野においては、自我のネガティブな側面に目を向けて、それを「エゴ」「小我（偽我）」「悪しきカルマ」などと呼びます。

◎ただし、個性や自立精神を重んじる西洋人から見ると、日本人の多くはポジティブな意味での自我の確立（自己確立）が充分できておらず、周囲の目ばかり気にし過ぎて個性を発揮しきれていないなどと指摘されるように、自己確立そのものが問題ではなく、それは成熟した大人になるためのベースとなるものです。

◎自己確立とエゴの抑制は併存できるので、その意味で、正当かつ健全な自己主張・自己表現や個性の発揮と、他者への思いやりや調和、奉仕精神などが両立した状態が「成熟した大人」とも言えます。

◎一方、深海意識は、自他の境界を超えた視点から、お互いに調和できる道を見出すことができ、また不安や怖れは分離意識の幻影に過ぎないことを知っているので、常に今、ここに意識を集中させ、自我意識に対して気づきのサインや調和的なメッセージを送り続けています。それゆえ、この領域は「超自我」「真我（アートマン）」「無我」などと呼ばれます。

ハートの「深海意識」と脳の「自我意識」は主従関係

というわけで、問題はいかにこの自我＜自意識＝表面的な自分＞と超自我＜深海意識＝ほんとの自分＞のバランスを図るかです。

スピリチュアルな視点に立つと、自我意識と深海意識は、「犬」と「飼い主」の関係に似ています。

ペットの犬は、飼い主のリーダーシップによってその行動を制御されることから、しつけられていない犬は問題行動を起こしやすく、むやみやたらに吠えたり、好き勝手な行動をしがち。一方、飼い主がちゃんとしつけた犬は、そのような問題行動をとることはなく、飼い主の指示や意向に素直に従います。

この犬の飼い主に当たるのがハートが生み出す深海意識であり、ペットの犬に当たるのが脳が生み出す自我意識です。

つまり、本来、主である深海意識（ハート）からのサインやメッセージを、自我意識（脳）がしっかりと受け取って両者がシンクロしていれば、自我は暴走することはなく、過剰な欲望や執着、不要な不安や怖れから生じるネガティブな自我反応（エゴ）などは、適切に抑制できるのです。

深海意識は、ものごとの表層ではなく、深層をよく観察、理解、受容し、そしてさらに現実をリメイク（再創造）する力を持っています。

自我意識のネガティブな側面、すなわち、無意識に演じてきた役割、根拠のない思い込み、必死になってしがみついているものなど、知らず知らずのうちに「ほんとの自分」を縛りつけてきた心の鎖から解き放たれていったとき、「ほんとの自分」が顔を出します。

「ほんとの自分」にベールを被せているとらわれやシャドー（抑圧された感情や欲求）、ブロック（ネガティブなエネルギー）などを手放し、解放していくのが、質の高いセラピーであり、カウンセリングやヒーリングです。

「ほんとの自分」は、他人と比べることがなく、思考や感情にふりまわされることはありません。何が起こっても決して傷つくことはないし、困難でも自分が歩むべき道を知っているからです。

このように、「ほんとの自分」は、頭ではなく、ハートの中にいるのです。

コラム　ほんとの自分に出会うための　実践のヒント

自己観察、座禅や瞑想などのほか、人の心に寄り添う熟練者との関わりの中で、「ほんとの自分」に気づくことも多く、参考までにそのためのヒントを挙げておきます。

◎カウンセリング

熟練されたカウンセラーにカウンセリングを受けることも、「ほんとの自分」に出会えるきっかけになります。中でもとりわけ傾聴が大事で、傾聴療法士の指導教育を行っている松本文男さん（ＮＰＯ法人日本精神療法学会理事長）によると、相談者が自分の深い感情を受けとめてもらったと心底思えたとき、脳内においてパーソナルチェンジが起きるとか。

◎催眠療法（ヒプノセラピー）

意識の90％以上を占めている潜在意識と顕在意識が繋がった状態で行う心理療法で、今世の幼い頃、胎児期、前世の人生などに退行して、そこでの体験から得られた学びや気づきが現在の問題の解決や目的の達成に繋がったり、人によっては「ほんとの自分」やスピリチュアルガイドに出会える場合もあります。

◎ヒーリング

ヒーラーが媒体となって宇宙エネルギー（愛）を流すことで生命エネルギーの活性化を促すのがヒーリング。マントラ、イメージ、シンボルなどを用いるなど、多種多様な方法がありますが、心身の不調の改善だけでなく、スピリチュアルな気づきが得られる場合もあり、それだけに自分にあったヒーリング方法やヒーラーとの出会いが重要です。

ほんとの自分

人は　ゆれ動く海面の　一つの波
波と波は　とどまることなく
日々重なりあい　打ち消しあって
時に荒波となり　時に凪《なぎ》になる

けれど　深い海底の静寂の世界では
すべてが一つにつながりあっている
ほんとの自分は　そこにいる

自我と真我

頭の中の「ワタシ」は
脳とからだが生み出した自我
自我の役目は

個としての肉体を維持すること
だから　自己を中心に考える

ハートの中の「ほんとの自分」は
あらゆる存在とつながりあっている真我
真我が望んでいるのは
魂の成長とみんなの幸せ
だから　全体の調和を願っている

現実生活は　自我と真我の綱引き
けれど　決して自我が勝つことはない
なぜなら　肉体は必ず滅びるから

肉体がある限り　自我は無くならない
しかし　それでも真我はささやき続ける
頭の中のワタシに　愛と調和を促すように

Part 2

スピリチュアリティ

この章のテーマは、「スピリチュアリティ」（霊性）です。

日本では、1980年代頃から「精神世界」「新霊性運動」「ニューエイジ」などという言葉でくくられるような、スピリチュアルな情報を発信するさまざま専門家たちが登場し、徐々に社会に影響を及ぼしていきました。僕自身も精神世界系の書籍をたくさん読んだり、各分野のリーダーたちの取材を通じて、新たなムーブメントに大いに触発されました。

一例を挙げると、瓜谷侑広《うりたにゆうこう》さんをはじめ、船井幸雄さん、荒俣宏さん、美内すずえさん、山田孝男さん、青山圭秀《あおやままさひで》さん、鎌田東二さん、正木晃《まさきあきら》さん、龍村仁《たつむらじん》さん、木村藤子さん、神光幸子《かみみつさちこ》さん、櫻井喜美夫さん等々（肩書きはすべて付録3を参照)。海外では前章で挙げたバーバラ・ブレナンさん、王由衣さんのほか、ホゼ・アグエイアスさん、エリック・パールさん、ローリー・グドナソンさん、ドン・アレハンドロさん等々。

またエコビレッジ&スピリチュアル共同体として国際的に知られるフィンドホーンのスタッフによるワークショップに参加したり、直接的な取材の機会には恵まれなかったものの超心理学会初代会長で宗教家でもあった本山博さんなど、国内外の〝本物〟に触れられたことで、地に足の着いたスピリチュアリティの大切さを知ることができました。

スピリチュアル系の多くの専門家たちに直接出会えたのも、マイナーながら精神世界系の雑誌やwebマガジン(『パワースペース』『たま』『フィリ』『アネモネ』『ボーダーランド』『気の森』『ナチュラルスタイル』『スターピープル』『トカナ』他)の編集やライティング(取材記事)という形でこの分野の仕事に早くから携われてきたおかげです。

そして今、スピリチュアルが決して特別ではない時代が到来したことに灌漑深さを感じる一方で、改めて「スピリチュアリティとは何か?」を再確認したいと思っています。

なぜ、人はスピリチュアルなものを求めるのか？

日本語では「霊性」と訳されるスピリチュアリティ。

この言葉の解釈は多様ですが、今なおスピリチュアルブームが衰えを見せないのは、それだけ物質的な豊かさだけの限界やイキイキと自分らしく生きることの難しさを感じている人たちが多いということなのかもしれません。

なぜ、人はスピリチュアルなものを求めるのか？

一言でスピリチュアルと言っても、その意味する範囲はとても広く、人や文脈によってその意味するものは多種多様。たとえば次のようなものが含まれます。

神秘主義　心霊主義　神智学　人智学（Rシュタイナー）ケイシー療法（エドガーケイシー）死後の世界　シャーマニズム　道教　ヨーガ　マンダラ　禅　瞑想　気功　加持祈祷　臨死体験　前世療法　透視　オーラ視　チャネリング　リーディング　ミディアムシップ（霊視）アニマルコミュニケーション　除霊　浄霊　前世占い　セラピー　ボディワーク　ヒーリング　ホメオパシー　フラワーエッセンス　水晶（パワーストーン）超能力　願望達成法　占星術　タロット　オラクルカード　天使　ダウジング　神聖幾何学　ＵＦＯ　超

古代文明　聖地巡礼　パワースポット　ディープエコロジー　自然食　菜食主義　東洋思想　東洋医学　ホリスティック医療　自然代替医療　ユング心理学　トランスパーソナル心理学　オルタナティブ教育　量子力学　ニューサイエンス　自己啓発セミナーetc.。

このように、単に「前世」や「オーラ」だけがスピリチュアルなものではなく、見えない世界の存在や情報をキャッチする第六感（直観や潜在意識）や現代科学ではまだ解明できていない生体エネルギー（生命力）が関与するものは、すべてスピリチュアルな存在や対象になると言っても過言ではないでしょう。

そもそも「スピリット（spirit）」の語源は、ラテン語のspiritus（息、呼吸、魂、活気）に由来し、古典ギリシャ語のプネウマ＝大いなるものの息。なので、呼吸をしていること、生きていること自体がスピリチュアルな働きであるとも言えるのです。

というわけで、ここで日本の高度成長期以降に起こったスピリチュアルブームの流れをふり返ってみます。まず、1970年代にユリ・ゲラーのスプーン曲げに始まって、つのだじろうの『うしろの百太郎』による守護霊ブームや矢追純一の宇宙人&UFOブームなどが起きました。

80年代には宜保《ぎぼ》愛子さんや丹波哲郎さんらによる霊界ブームがあり、山川紘矢・亜希子夫妻による初の翻訳本である『アウト・オン・ア・リム』（シャーリー・マクレーン著）が日本でもベストセラーに。90年代に入ると、インドのサイババブームが起こり、またバシャールなどのチャネリングも話題になった一方で、オウム事件の影響で、オカルト的なものが一端表舞台から姿を消しました。

「オーラの泉」ブームで精神世界用語が一般に浸透

２０００年に入ると、美輪明宏さんと江原啓之さんのテレビ番組「オーラの泉」などで再びスピブームが巻き起こり、前世やオーラなどの精神世界用語が一般に浸透。

その後、「青森の神様」と呼ばれた透視能力者の木村藤子さんによる気づきシリーズが話題になり、また並行して風水やマヤ暦、天使やパワースポット、あるいは龍神や引き寄せの法則などの新たなブームと相まって現在にいたります。

そしてこの間、ニューエイジ系の雑誌『フィリ』が主催した「フィリフェスティバル」や船井幸雄さん主催の「船井オープンワールド」が毎年開催されると同時に、龍村仁監督の『地球交響曲（ガイアシンフォニー）』が全国各地で自主上映されるなどして、スピリチュアルなことを好む人たちの層がさらに広がりを見せました。

一方、広い意味では、感情の解放や神秘体験が得られるとされたブレスワーク（集中呼吸法）をはじめとした自己啓発セミナー、NLP（神経言語プログラミング）などのコミュニケーションスキル、あるいは、生体エネルギーの観点から心理とボディの相関関係を見ていくライヒ系のボディワークなども、スピリチュアルな要素を多分に含んでいます。

また2002年秋以降には、全国各地で「すぴこん（スピリチュアル・コンベンション）」が自主的に行われると同時に、スピリチュアル・カウンセラーという肩書きを持つ人たちが増え、マスメディアにおいても、ヨガや瞑想、占いやタロット、パワーストーン、願望達成グッズなどが頻繁に取り上げられるようになって、今もスピブームを煽り続けていることは皆さんもご承知のとおりです。

特に近年は、「ホ・オポノポノ」などの潜在意識の浄化法や、とりわけ若い女性層に人気がある新月の願いごとや引き寄せの法則、ヴィパッサナー瞑想やマインドフルネス、あるいは過去世や中間世の記憶を持つ子どもたちの証言なども注目を集めています。

こうしたブームを「第三次スピリチュアルブーム」と見る向きもありますが、いずれにしても、衣食足りて、次はスピリチュアルなものを足がかりに自己実現を図りたい人が増えているのかもしれません。

さらに言うならば、その根底には「何のために生まれ、何のために生きているのか？」、その答えを求めてさまよっている今の日本人の〝魂の渇き〟がそのようなスピブームを後押ししているとも言えるでしょう。

生き方のヒントとなるような、哲学書や実業家による書籍がベストセラーとなるのも、同じ理由で、多くの日本人が生きがいや生きる目的を見失っている……。

その意味では、日本人全体にうつの気配が漂っているわけですが、そこから抜け出してイキイキワクワクさを取り戻すには、過去に戻るのではなく、新たな生きがいの創造を見出す以外に道はありません。

飯田史彦さんの『生きがいの創造―〝生まれ変わりの科学〟が人生を変える』（ＰＨＰ文庫）は、まさにそのような時代の要請に応えたがゆえに、ヒット作としてシリーズ化されたのでしょう。

ちなみに、この本の中に、僕が取材した過去世退行の記事が転載されていて、それを見たとき、「ちゃんと見る人は見てくれているんだな」とホッとした気持ちになりました。

なぜなら、僕がその取材をした時期（90年代）、ヒプノセラピーや過去世などという言葉は、日本では精神世界のごくごく一部の人しか知らなかったからです。

それが、江原啓之さんの登場や、船井幸雄さんらの出版活動によって精神世界の扉が大きく開かれ、霊的な話も頭から否定されるようなことは少なくなり、臨死体験者などの増加も手伝って、本来日本人にとってはなじみのある輪廻転生や霊界話が一般化しつつあるのが現状ではないかと思います。

霊性の開花とスピリチュアルな生き方を求めて

僕が霊界や生まれ変わりの仕組みを知ることができたのは、スピリチュアル・カウンセラーやミディアム（霊媒）たちに個人セッションを受けたり、複数の過去世を観てもらったことに加えて、取材を通じて木村藤子さんやスピリチュアルドクターの一人である越智啓子さん、菅原道真とご縁の深い神光幸子さん、出口王仁三郎《でぐちおにさぶろう》の霊統を引き継ぐ櫻井喜美夫さん等々、その道の専門家たちから直接学べたからです。

木村藤子さんからは、不幸の原因が自分の悪しきカルマにあることや、気づきを深め、スピリットを成長させるための輪廻の仕組みについて学びました。越智啓子さんからは、生まれ変わりの意味と実際の事例について、神光幸子さんからは、守護霊の中には主護霊がいて、どんなときにも本人の魂が輝ける場を用意してくれていることを教えていただきました。櫻井喜美夫さんからは、霊的世界の巨人と呼ばれた王仁三郎が後世の人たちに何を託し、理想社会としての「みろくの世」を築くための必要な生き方を諭していただきました。

こうした精神世界の諸先輩方に直接学ぶことができたのも、決して偶然とは思えず、ガイドやグループソウル（類魂）たちの陰の働きと魂のご縁によるものと深く感謝しています。

僕はこれまで、霊界についての学びと並行して、自分自身のカルマを少しでも解消し、潜在意識の中のネガティブなパターンをクリアにすべく、さまざまなワークやセッションを受けてきました。

そうした体験が、同時に取材対象として取り上げるモチベーションにもなり、身を持って自分が体験したことを、主に企画、編集、ライティングなどの仕事として続けてきたわけですが、その際の一貫したテーマは「霊性の開花」であり、「スピリチュアルな生き方とは何か？」でした。

それは、マズローが示した自己超越とも言えますが（前述）、どうすれば自我レベルの自己実現を超えて自己超越や至高体験の域にいたれるかが関心テーマだったのです。

とはいえ、個人的には「できるだけエゴをなくす」という中学以来の命題は一向に達成できず、七転八倒しながら自分の中のネガティブな側面を見せつけられてはへこむということが何度もありました。

スピリチュアルな知識だけは頭の中にたくさん蓄えたものの、それが本当に身に染みるようになったのは40歳を過ぎてから……。今から思えば、未熟さゆえの試練の積み重ねという発酵期間があったからこそ、自分なりに少しずつ消化吸収できていったように思います。

今の僕にとって、霊性・スピリチュアリティとは、見えない世界と繋がっている霊的な光回線のようなもの。それは意識下に組み込まれている神聖な領域であり、また超越的な存在を感得する心性（ハートの知性）でもあり、はてなき意識進化の原動力でもあると思っています。

見えない世界との繋がりと言っても、神と呼ばれる超越的な次元だけでなく、自然霊や先祖、また身近な家族や友人、動物たちとの魂の縁も含んでいて、その意味では、日本的な霊性とも決して無縁ではあり得ません。

とりわけ、長年精神世界の旅を続け、あの世に還る日が徐々に近づくにつれて、僕は日本的な霊性の中で生かされていることの重みを強く意識するようになりました。

かつて、禅文化を世界に知らしめた鈴木大拙《だいせつ》は、日本的霊性について浄土思想と禅を挙げ、その神髄《しんずい》は自我を超越した「無分別智」であると述べていますが、僕は「ムスヒ（結び）」という概念も、日本的霊性を示すとても重要な側面だと思っています。

日本的霊性の大切さを再認識させてくれたマヤの長老

そんな日本的霊性について再認識するきっかけを与えてくれたのは、マヤの長老であるドン・アレハンドロさんでした。

マヤ暦の中の長期暦の解釈をめぐって、「2012年の冬至に世界は終わるのではないか？」と騒がれ始めた頃、アレハンドロさんが来日。僕は『スターピープル』という雑誌のインタビューで取材をさせていただく機会を得ました。

グアテマラのマヤ民族長老評議会の代表で、マヤ暦のデイ・キーパーでもあるアレハンドロさんは、2012年終末説はあくまでグレゴリオ暦で換算した場合の仮説に過ぎず、「必ずしもマヤ暦と一致しているとは限らない」と断言して世の不安を鎮め、日本の人々に対してこんなメッセージを伝えてくれました。

マヤに残された偉大な予言の一つに、このような言葉があります。

「13バクトゥン13アハウの時とは、叡智が戻ってくる時である」

その時には、叡智を持った先祖が戻ってくる。それは地球の滅亡などではなく、新たな時代（太陽の第6期文明）の到来です。この新たな周期では、争いも貧困もなく、人々は愛でつながります。国境もパスポートもなく、自由に私たちは世界を行き交います。今、まさにその時がきました。世界のすべての人類が再び集う時がきました。先住民や一般の人、すべての人々がお互いに理解しあう時がきました。私たちはすべてにおいて同じように価値ある、平等な人間です。過去においては、西洋の人々は私たちをまるで無知の人のように扱った時代もありました。けれど、私たちは無知ではありません。私たちは一つの同じワンネスのこころを持った存在。そして、愛と尊敬を持った存在です。

日本の民族のみなさんへ、ご挨拶をさせていただきたいと思います。

私の心からの尊敬を込めて……。

民族や肌の色、人種に関わらず、私たちは兄弟であり、姉妹であります。

私たちは動物たちの兄弟でもあります。

私たちは古代の樹でもありました。

私たちは愛を愛する民族です。

私たちのすべての民族の中でも平和を愛する民族です。

私たちはみな平等です。

私たちの違いは言葉だけです。

私たちの言葉は、最も神聖な言葉です。

私たちの言葉の中に、神聖なる叡智が込められています。

日本の民族の方々、私たちは兄弟であり、姉妹です。

ありがとうございます。


このとき、インタビューが終わってから、アレハンドロさんはわざわざ僕の傍までやってきて、通訳の人を介してささやくような声でこう語ってくれました。

「私たちマヤ族の先祖が残してくれた叡智と同じように、あなた方、日本人の先祖が大切に守ってきたものがある。どうかこれからもそれを大切にしていってください」と。

私たちの先祖が大切に守り、子孫に伝承してきた叡智、そこには伝統的な霊性がしっかりと根付いている。そのときのアレハンドロさんの言葉によって、「スピリチュアルなもの」は決して新しい流行ものではない、ということを諭していただいたように思います。

農的暮らしの背後にかいま見える縄文的世界観

アレハンドロさんの言葉がきっかけとなって、僕は「日本的霊性とは何か?」を意識するようになり、模索する中で自分なりに一つの結論を導き出したのが「縄文文化」です。

それまではどちらかというと、弥生文化の復興、すなわち、新しい時代の「農的暮らし」に関心が向いていました。

雑誌の取材等を通じて、『奇跡のリンゴ』（自然栽培）の木村秋則さん、自然農の川口由一さん、『ニンジンから宇宙へ』（循環農法）の赤峰勝人さん、パーマカルチャージャパンの設楽清和さん、ネットワーク地球村の高木喜之さん等々、さらには正食協会や自然育児、自然療法家、環境保全団体等々、大地の再生と自然と共生する暮らし方を実践・提唱している方々から、新しい生き方のヒントをたくさん得てきたからです。

自然栽培の木村秋則さんは、フカフカとした土に触れたことで土壌の昆虫、微生物、細菌、土の共存に気づき、試行錯誤のうえ8年後の春にみごと奇跡のリンゴを実らせました。自然農の川口由一さんは、耕さず、肥料・農薬を用いず、草や虫を敵としないという三原則に従って農作物の実りを自然の摂理に委ねています。循環農法の赤峯勝人さんは、土と作物に触れて「身土不二」の意味をよく噛みしめてほしいと循環の大切さを訴え続けています。

今でこそ、安心・安全な農的暮らしを志向する人たちはずいぶん増えてきましたが、元をたどれば、このような開拓者たちの命がけの取り組みが徐々に人目を引くようになり、やっと時代が追いついて来たとも言えるでしょう。

僕は大地のよみがえりを願う農業者たちの取り組みを知り、比較的早い時期にそうした現場の取材をさせていただいたこともあって、「スピリチュアルなもの」と「自然と共生する生き方」が時代とともに重なりあってきたプロセスを傍らでかいま見ることができました。

そこでエピソードを一つ。

今から20数年前の話ですが、僕は『パワースペース』という雑誌でUFOで町おこしを始めたあるユニークな人物を取材したことがありました。

それは、石川県羽咋《はくい》市の「コスモアイル羽咋」を立ち上げた公務員の高野誠鮮《じょうせん》さんです。

ところがその後、10数年経ってからマスメディアで高野さんの現状を知って驚きました。

なぜなら、以前はUFOマニアと思われた高野さんが、過疎地域で自然栽培による「神子原米《みこはらまい》」のブランド化に成功して話題になり、普通の公務員では考えつかないユニークな取り組みを次々に行ってみごとに村興しと農業の再生に成功し、全国の自然栽培農家さんたちのネットワークを立ち上げたり、『ローマ法王に米を食べさせた男』という本まで出版していたからです。

そんなスーパー公務員としての高野さんのご活躍ぶりを知ったとき、「エッ、あのUFOマニアだった高野さんが?」と驚くと同時に、奇跡のリンゴの木村さんと同様に、地に足の着いたスピリチュアリティの一つの形を見せていただいたような気がしたのです。

高野さんたちに限らず、豊かな土づくりや大地の再生のために命がけで励んでいる人たちは、自然界の摂理やサイクルと共鳴して、生き方そのものにムリ・ムダ・ムラがなくなって、本当に大切なものは何かがはっきりと見えてくるのかもしれません。

古くて新しい「ネオ縄文的」生き方とは?

では、縄文文化とスピリチュアルな生き方はどのように繋がるのか?

ピンとこない方もいると思うので、ここで僕の中でスピリチュアルな生き方と縄文文化がどのように結びついたのか、その理由を簡単に説明しておきます。

これまで僕は、あるテーマに関心が深まるとそれに呼応するような仕事の依頼をいただいたり、ヒーリングや自然療法、デトックス等々の自分のやりたいテーマや著者を立てて一つの企画を提案すると、見えない力に後押しされるように出版社からGOサインがおりて、編集協力などの形で書籍化するという仕事を長年続けてきました。

これは、直感だけを頼りに生きてきた僕なりのセンサーが、時代の流れとシンクロする部分が多少なりともあったからではないかと自負しています(もちろん、実際にはガイドの采配《さいはい》によるものが大でしょうが)。

そんな僕が今最も関心を持っているテーマが、「ネオ縄文的生き方」です。

なぜかと言うと、一つには、農的暮らしを実践している人たちの生きざまや信条には、縄文時代のスピリットが息づいているように見えるからです。

土に生き、土に死ぬ。その地力を決定づける土壌の微生物環境やそれを取り巻くすべての自然物に対して畏敬の念が自然に芽生えてくるのは、「弥生スピリット」の発動。だとしたら、その根底にはそれを生み出してきた縄文的な世界観があるはずです。

そしてもう一つの理由は、ＡＩ（人工知能）に象徴されるように、物質文明の最盛期を迎えている今日、その対極にある本来の人間らしさ、すなわち自然や他の動植物たちと調和しながら暮らしていた時代の魂の記憶が再生するように促されていると感じるからです。

これを言い換えれば、「モノ化してゆく人間」からの離脱です。しっかりと五感を開いて、見えないものを感じ取る身体感覚や感性を取り戻したいという衝動が、人々をして農的暮らしや自然食、自然育児、自然環境教育、シャーマニックな舞い、整体やボディワークなどの身体技法等々に向かわせている――僕にはそんなふうに感じられるのです。

ピラミッド型の男性原理による支配構造や管理社会の息苦しさを感じている人たちが、人をモノとして扱い、機械的に処理していくモノトーンな生き方から脱しようとしている。

そこには、決してモノや機械ではない、人間としての魅力や可能性を失いたくないという思いがあり、極度にモノに特化したＡＩ路線とは対極の方向軸が示されていて、その根底には、他の動植物たちと同じ、イキイキと生きようとする生命エネルギーが満ちている。

本来私たちに備わっているそのような本能や感性は、レイチェル・カーソン（『沈黙の春』の著者）が残した「センスオブワンダー」という言葉にも集約できますが、僕はそれこそが「自然とともにあるスピリチュアリティ」なのではないかと思います。

ＡＩでは決してできないもの、それは人間ならではの想像力と創造力、そして見えない世界と繋がるスピリチュアリティだからです。

もしそうであるなら、これからは農的生き方に限らず、日本でも多様な分野で自然とともにあるスピリチュアリティを体現する人たち、すなわち、縄文スピリットを持ちながら一人ひとりの個性にあった多様なスタイルを通して、自己実現や自己超越する人たちが増えてくるに違いありません。

縄文スピリットに目覚めた人たちは、「昔は平和で良かった」「縄文時代に戻るべきだ」といった、単なる懐古趣味や厭世《えんせい》主義者ではなく、今、この時代における縄文的な生き方とは何かを個々に模索し、楽しみながら具現化していくことでしょう。

縄文スピリットを持ちながらも、決してモノや機械のようにワンパターン化しない多様なスタイル、まさにその意味において、「ネオ縄文」なのです。

そのようなネオ縄文人たちは、見えない世界、すなわち自然界や精霊、亡き家族や先祖らとの繋がり実感を持ちながら、単一の樹種だけでできた人工林のような「閉鎖的なコミュニティ」ではなく、自然界と同じように多様性に満ち、かつ相互扶助からなる「豊かな人の森」をつくっていくに違いありません。

僕がそんな予感を覚えたのは、縄文文化をテーマにした書籍の仕事に携わったときのことでした。

それは、考古学者の渡辺誠さんによる『よみがえる縄文の女神』(学研パブリッシング)という本で、渡辺さんは同書の中で、縄文文化の特徴について次のように記しています。

縄文信仰の精髄は自己犠牲に基づく母性愛

温暖な気候に恵まれ、南北に長い地形から、四季の移り変わりによって多種多様な自然の恵みがもたらされる日本列島。

とりわけ縄文の人々にとって、豊かな森はいのちの宝庫であり、森の生態系が水やドングリなどの生命の糧を育み、大地や川、海を豊かにしてくれる。ゆえに、食料の安定的確保と生活の安定のためには、何よりも四季の正常な運行が切に望まれる。

彼らは、そのような大自然の循環システムの中で、地・水・火・風の働きや動植物たちのいのちの尊さを肌で感じながら、且つまたさまざまな通過儀礼や祭祀を通して、アニミズム的自然観や死と再生の輪廻観を培っていったに違いない。

道祖神の原型となった男女の性器を象った陰陽物、御柱や鳥居の原型とも考えられるトーテムポールやストーンサークル、磐座（いわくら）などの巨木・巨石信仰を感じさせる遺構などは、女神にシンボライズされた彼らの自然信仰を物語るものであろう。

そのように縄文から始まった日本的メンタリティが、弥生時代へと引き継がれ、アマテラスという女神を生んだといえなくもないだろう。

だとしたら、日本文化の基層には、自然そのものを神とする母性信仰があったと考えられる。

そこで、改めて縄文信仰の精髄について私見を述べたい。

それは、わが身を焼いて死んでゆく代わりに、この世に生まれくる子どもたちを養うための、いのち種を残そうとする女神の姿、すなわち自己犠牲に基づく母性愛そのものであり、そのような大いなる自然がもつ無条件の愛から生じる無私の祈りが、記紀神話の原型になったと考えられる。

大いなる母なる存在は、自らの死をもってしてでも、わが子を生かそうとする。

その無私の祈りは、見返りを求める現在のご利益信仰とはまったく別ものである。

なぜなら、己の魂と子の魂は不可分であり、すべての存在は母子のように一つに繋がっているからである。ゆえに、死は新たな生命を再生する。

それがアニミズムの根底にある自然観、生命観であろう。

再生のための死、新たに生まれ出るものたちのためにいのちを投じるほどの自己犠牲の愛――これは人として、最も崇高な愛情の表現といえるのではないだろうか。

このようなものの考え方、生き方を、少なくとも一万年以上前の私たちの祖先は、すでに確立していたのである。

死と再生を司る女神、豊穣のためにわが身を火中に投じる地母神としての土偶は、東日本を中心として北海道から九州にかけて全国各地に出現したあと、弥生時代の到来とともに突然姿を消すことになる。

もしかすると、それは女性原理から男性原理への移行を意味するのかもしれない。

だがしかし、縄文の人々によって培われた、万物に霊が宿るとする自然観、そしていのちは永遠に死と再生をくり返すという輪廻観は、はるかな時空を超えて、同じように日本列島に暮らす現代の私たちにも、確かに引き継がれている。

「縄文スピリット」と「ムスビの精神」が日本的霊性

僕にとってこの内容は、縄文研究の碩学から学ぶことができた貴重なエッセンスでした。縄文文化をこよなく愛する渡辺さんに、「今、縄文文化が残っているとすれば、どんな分野ですか?」と尋ねたら、「それは山伏、修験道の世界でしょうね」とのことでした。

そこで僕の関心は、地元信州の縄文遺跡や修験道の開祖である役行者、そして弘法大師・空海へと広がっていきました。

そのような過程でおぼろげながらわかってきたのは、私たちの祖先や精神世界の先達《せんだつ》たちは、大自然や聖なる存在と感応しあう中でスピリチュアリティを開花させ、精霊や自然物との対話を通してその内面世界をこの世に具現化してきたであろう、ということです。

僕はこれを「縄文スピリット」と呼びたいと思います。

つまり、彼らにとってスピリチュアリティとは、自己顕示や自己実現などの自我欲求を満たすための単なる手段ではなく、見えない世界に対する絶対的信頼に裏打ちされた〝命がけの生き方〟そのものであり、だからこそ、内なるスピリットの光を自身の生きざまや祭祀・芸能(芸術)などの精神文化として可視化することができたのです。

「芸術は爆発だ」の言葉で知られる岡本太郎さんも、縄文スピリットに魅了された偉大な芸術家ですが、その言葉の意味と、芸術についてこう述べています（以下、青春出版社刊『自分の中に毒を持て』及び光文社刊『今日の芸術―時代を創造するものは誰か』より）。

ぼくが芸術というのは生きることそのものである。
人間として最も強烈に生きる者、無条件に生命をつき出し爆発する、その生き方こそが芸術なのだということを強調したい。

〝芸術は爆発だ〟
これは随分前からの私の信念であり、貫いてきた生き方だ。
（中略）
全身全霊が宇宙に向かって無条件にパーッとひらくこと。
それが爆発だ。
人生は本来、瞬間瞬間に、無償、無目的に爆発しつづけるべきだ。
いのちの本当のあり方だ。

芸術は、ちょうど毎日の食べものと同じように、人間の生命にとって欠くことのできない、絶対的な必要物、むしろ生きることそのものだと思います。

しかし、何かそうでないように扱われている。そこに現代的な錯誤、ゆがみがあり、またそこから今日の生活の空しさ、そしてそれをまた反映した今日の芸術の空虚も出てくるのです。

すべての人が現在、瞬間瞬間の生きがい、自信を持たなければいけない、その喜びが芸術であり、表現されたものが芸術作品なのです。

ようするに、本来芸術は、祭祀《さいし》や芸能と同様に「スピリット（霊性）の可視化」ともいえ、それは現代人が好む自我レベルの引き寄せをはるかに超えています。

なぜなら、今ブームなっている個人レベルの引き寄せは、あくまでパーソナルな領域、ようするに自己満足であるのに対して、縄文時代から行われてきたスピリットの可視化は、個（エゴ）の領域を超えて周囲に感動や幸福感を与え、一瞬一瞬命がけで魂を込めているがゆえに、接する者に魂が発露する呼び水を与えてきたからです。

自我レベルの自己実現と魂レベルの自己超越の、エネルギーレベル（光）の差はここにあります。

おそらく、いつの時代にあっても、縄文スピリットを持つ人たちは、日々の暮らしの中において、大いなるものに生かされていることへの感謝とともに、ものづくりや自己表現、所作の中に、個の欲求を超えた無私の祈りを込めていたに違いありません。

そして、そのような生き方としてのスピリチュアリティは、日本に限らず、かつては世界のあらゆる地域において見られた地球人類の基層文化であったでしょう。

中でも、非常に恵まれた自然環境と類いまれなる和の精神によってその基層文化を維持し、長く後世にまで伝えてきたのが日本の特質であり、僕はそれこそが日本的霊性と呼ぶべきものだと思います。

縄文スピリットとは、まさにこの普遍的な精神文化であり、縄文人の生き方は「ムスビ」という言葉にも置き換えられるかもしれません。

ムスは生じる、ヒは霊威を表わし、「産霊」「産巣日」「産日」「産魂」「結び」とも書くすことから、ムスヒ（ビ）は天地万物を生成・発展・完成させる霊的な働きを意味します。

つまり、万物を生み育てる霊妙なる働き（力）をムスヒと言うわけですが、そこにあるのは、アニミズム（自然信仰）、いのちの輪廻、すべてを包み込む母性愛（慈悲と愛）、無私の祈り、異種間のテレパシックなコミュニケーション。

そして、お互いの違いを尊重しつつ、いのちの同質性で結ばれ、さらに新たな生命や文化を創造していく力、多様な生物たちが個性を発揮しながら互いに支え合い、ダイナミックに変動しながら全体として進化発展してゆくホリスティックな生命システムetc.……。

脳の機能にたとえれば、左脳と右脳を繋いでいる脳梁がフルに活性化し、自ずからバランスと調和（中庸）を図ることができる脳内ハーモナイゼーションとも言えます。

結びの原理を可視化・言語化してきた日本人

ムスコやムスメという言葉からも、陰陽補完しあう性質を結合して新たなイノチを創造する宇宙のチカラ、愛の磁力を「結びのエネルギー」とするなら、神社のしめ縄や冠婚葬祭の慶弔袋の水引、おみくじを木や枝に結ぶ行為や風習などは、昔から日本人がしっかりと結んだ結び目に神の力が宿ることを感じ取っていた証左でしょう。

このような「結びの原理」の可視化は、古くは土器・土偶の渦巻き文様や男女の生殖器をかたどった陰陽石などをつくった縄文文化から始まって、神話の時代にはムスヒを神様の名前にして記述するなど、見えない世界を可視化し、言語化することによって、生命を産み出したムスビ神には衰えようとする魂を奮い立たせ、いのちを再生する働きがあることを、後世に伝えようとしたのでしょう。

だとすると、縄文人は、自然に対する畏怖の念とその鋭い観察眼によって、あらゆる存在の中に大いなるいのちの巡り、輪廻の仕組みがあることを感じ取っていたに違いありません。

まさにそれは、「あなたはわたし、わたしはあなた」という生命観。1万年以上も長い間、戦争や人殺しが起きなかった歴史が、何よりもそれを如実に物語っています。

もしまだ私たちの意識の底流にこの縄文スピリット、ムスビの力が残っているなら、一個人から始まって、全地球レベルにおいてもそれを発揮するときではないでしょうか？ 今、縄文文化、ムスビの力が注目されているのも、そのような時代精神の働きだと思います。

僕がとりわけそれを強く感じたのは、2016年のことでした。

この年に公開され、国内はもとより海外でも大ヒットを遂げた映画『君の名は。』新海誠監督によるこの作品を観て、僕はこれほどムスビの精神をわかりやすく、かつ感動的に描いた作品はなかったのではないかと感激し、この映画のテーマもネオ縄文ライフに繋がるのではないかと感じたのです。

時代の壁を超えた若い男女の恋物語の中に、あらゆる障壁を乗り越えていのちを繋いでいくムスビの力が秘められていて、それが映画の中の「組紐《くみひも》」や「御神酒《おみき》」に象徴されていたように見えたからです。

国籍や老若男女を問わず、この映画を観て強く心を揺さぶられた人は、とても多かったに違いありません。それだけ、人類共通の魂の記憶と響き合うものがあったからでしょう。

魂の記憶を呼び覚まさせるのは、顕在意識ではなく、深海意識です。

深海意識の覚醒によって、「本当に大切なものは何か？」「私たちはどこから来て、どこに行くのか？」、そのような人生の根源的な問いに対する答えも、すでに自分は知っていたことに気づきます。

それゆえ、たった一人でも、現実をリメイクするための創造的な行為へと一歩踏み出すことができるのです。

『君の名は。』に出てくる若者たちは、まさに時代を超えてそれを見せてくれました。

かくの如く、霊性・スピリチュアリティは、決して頭の中だけの観念的なものではなく、やむにやまれぬ気持ちから出たピュアな行為そのものに、そのエネルギーを宿すのです。

だとしたら、今、私たちに求められているのは、多様な分野において一人ひとりが縄文スピリットを自らの生き方として示していくことではないかと思います。

これが僕が今、注目している「ネオ縄文的生き方」です。

スピリチュアリティとは、地に足のついた生活文化

「スピリチュアルなもの」を単なる一過性のブームとして捉えるなら、やがては飽きられ、日々の暮らしの中で文化として定着することはないでしょう。

スピリチュアル、スピリチュアリティとは、あくまで調和的で現実的な生き方であり、地に足のついた生活文化である——それを感じさせてくれる存在の一つが、エコビレッジ＆スピリチュアル共同体として国際的に知られるスコットランド北部にあるフィンドホーンです。

この共同体が単なる仲間内のエコビレッジではないのは、わずか3名の男女が自然霊や内なるガイドのメッセージに従って荒涼たる大地に植物の種を植え始めたときからスタートし、自給自足と霊的成長に繋がる暮らしを続けた結果、徐々に各地から多様な人材が集まってくるようになり、世界に類を見ないスピリチュアルな共同体をつくりあげ、その叡智を数多くの人たちに分かち合っている点にあります。

僕はまだ行ったことはありませんが、日本で行われたフィンドホーンのスタッフによるワークショップに参加したり、フィンドホーンに滞在した日本人たちの取材などを通して、開かれたコミュニティのあり方と、地に足の着いたスピリチュアルな生き方とは何かを教えてもらった気がします。

フィンドホーンのほかにも、イタリアの「ダマヌール」、北米の「アナンダ村」や「ペレランドラ」、インドの「オーロヴィル」や「アートオブリピグ」、フランスの「プラム・ヴィレッジ」、ロシアの「祖国コミュニティ（アナスタシア共同体）」イギリスの「トットネス」、日本の「共働学舎」、あるいは、インドの「クリシュナムルティの学校」や日本の「シュタイナー学園」なども広い意味でスピリチュアルな共同体といえ、このようなコミュニティは今後世界的にますます増えていくことでしょう。

また、日本ではほとんど知られていない、スピリチュアリティが社会に根づいている国が、南米のブラジルです。

ブラジルでは、スピリティスト（エスピリタ）と呼ばれる霊性を重んじる人たちが数多く存在し、その数は数十万~数百万人とも言われています。

スピリティストとは、英語圏のスピリチュアリズムと同義語であるスピリティスムを信仰している人のことで、フランス人霊媒師のアラン・カーデック（本名リヴァイユ）が出版した『The book of the Spirits』（潮文社刊『霊の書』）他がイギリスで話題になり、その後、ブラジルに広がったことから仏語でスピリティスムと呼ばれるようになりました。

高次元の霊からもたらされたスピリチュアルな教え

スピリティスムの主な内容は、高級霊が語る霊界や輪廻の仕組み、霊性を高める（霊的成長）ことの大切さや、病気は霊性のゆがみから生じていて、奉仕は霊性を高めるといったスピリチュアルな教えです。

僕が『ボーダーランド』という雑誌の編集者だった頃、英語が堪能なライターさんに現地取材をお願いし、スピリティストたちの取り組みを紹介することができたのですが、事前に現地のコーディネーターの方から、「決して興味本位で取り上げないでほしい」とくぎを刺されていました。

それは、現地で行われている霊的治療があまりにも衝撃的なものだからです。

たとえば、医者でもない人が麻酔もしていない患者の頭をメスで切り開いたり、メスで眼球をこすったり、ハサミを鼻腔に突き入れたり、鍼《はり》かピンセットのようなものを頭蓋骨に突き立てたりと、信じられないような行為がくり広げられ、ひと頃話題になったフィリピンの（一部の）心霊治療とは全く次元が異なる本物の霊的治療だったからです。

そのため、日本ではセンセーショナルな形で取り上げられることが必至なので、現地のコーディネーターの方は興味本位に取り上げられることを避けたかったのでしょう。

なので、僕が知る限り日本のマスメディアではいまだに取り上げられてはいませんが、スピリティストたちがどんなことをやっているかというと、各地にあるヒーリングセンターでミディアム（霊媒）を中心に降霊術を行ったり、一般のボランティアの人たちとともに霊的治療に携わっていて、それらはすべて無料で行われています。

霊媒師だけでなく、その場にいる医療従事者でもない普通の人たちが霊的手術に加わっていて、患者は痛みをまったく感じない。それは執刀医が生身の人間ではなく、あの世の霊体だからで、しかもその霊体の生前の氏素性もわかっています。

ようするに、霊界が存在することを目に見える形で証明し、奇跡的な治癒の体験を通じて霊的成長を促すためにそのようなことが行われているのです。決して見世物や利益主義ではなく、あくまでスピリチュアルな世界の可視化、社会化が目的なのでしょう。

自分や家族が霊的治療で心身の不調や難病が癒やされ、それをきっかけにスピリティズムを受け入れ、霊性を高めるためにボランティア活動に励んでいる。たとえば、ホームレスの支援やストリートチルドレンのための学校をつくるなど、さまざまな社会貢献をしていて、ブラジルで最も著名なシコ・シャビエル（故人）の著作に基づいた映画『ASTRAL CITY』なども製作されています。

前述の現地コーディネーターの方は、日本の雑誌にブラジルのスピリティスムの記事が掲載されたのを見届けるように、その直後に霊界に帰られました。

僕はこのときの取材を通して、彼らの取り組みこそ、見えない霊的世界を可視化する一つの成功事例だと理解しました。

不食のチャネラーとして知られるジャスムヒーンさんは、映画『ASTRAL CITY』について次のような感想を述べています（『スーターピープル』２０１７年12月発売号より）。

最近『ASTRAL CITY』というポルトガルの映画を観たのですが、これはブラジルのチャネラー（霊媒師）が書いた８冊の本がベースになっている内容で、とてもワクワクしました。アストラス界と呼ばれる層の姿やヒーリングの本質を見ることができたからです。主人公は利己的な医師で、彼が亡くなった後に移行したアストラルシティは人々が進化のために輪廻を待ちながら平和に生活している調和のとれた場所で、彼はそこで気づきを深めていきます。画像もとても美しく、メッセージもすばらしい。

世界の中で、今、日本の果たすべき役割とは？

特定の宗教とは異なる、見えない存在との繋がりを示すスピリチュアリティ。

そんなスピリチュアリティの重要さについては、もちろん日本だけでなく、欧米を中心に世界的にも再認識され始めています。

たとえば、１９９８年のＷＨＯ（世界保健機構）執行理事会において、従来の健康の定義である「肉体的、精神的、社会的に幸福な状態」に加えて「spiritual well-being」という概念が取り上げられました。

結局、総論賛成・各論反対のため、現在は保留中とのことで、スピリチュアリティが意味する内容について異文化間でのコンセンサスづくりが求められており、その意味において日本の果たすべき役割はとても大きいと思います。

なぜなら、日本には神道だけでなく、道教、儒教、仏教、また歴史的に見ても原始キリスト教やミトラ教等々、さまざまな宗教が入ってきていて、それらすべてを包み込む縄文的ムスビの文化があるからです。聖徳太子の「和を以《もっ》て貴《とうと》しと成す」という言葉もそのような時代背景があったからだと思います。

ただし、いくら今の日本人が表面的に和を説いたとしても、異文化摩擦や宗教対立は収まらないし、多神教的な日本の特異性だけを声高に叫んでも、一神教の人たちは容認できないでしょう。

異文化コミュニケーションの要諦は、異質性と同質性の両方を確認しあうことであり、和の精神は、同質性（共性）を確認したうえで、異質性（個性）を尊重し合うことから生まれるもので、これこそ今の日本人にとっては大きな課題だからです。

この同質性こそが普遍的なスピリチュアリティであり、「スピリチュアリティとは何か?」のコンセンサスが得られれば、宗教としての異質性はお互いに尊重しあえるはずです。

かつて、日本の宗教家はそれをこんな言葉で表現しています。

「万教同根」。これは大本の教祖・出口王仁三郎の言葉で、すべての宗教は同じ一つの神を根に持っているという意味です。

「万教帰一」。これは生長の家創始者・谷口雅春の言葉で、各宗教の根底にある人類共通の救いの原理を意味しています。

これを今の時代に置き換えると、こんなふうに表現できるのではないかと思います。

「一神多教」。つまり、創造の源、万物の発生源は一つであり、それを神と呼ぶなら、多神教とされる日本人の多くも創造神(仏教の大日如来や神道の天元御中主神など)を信じており、その神の教え(宇宙の法則)が時代や地域、伝道者によって多様な形となって示されてきた。

しかし、その根底には、時代や地域、信仰スタイルを超えた見えない世界、聖なる次元との繋がり、すなわち、スピリチュアリティがあり、日本の場合、それが縄文スピリット、ムスビ、和の文化として継承されてきた。

僕は、この人類基層の文化をシェアすることが日本の役割であり、平和を希求しながらも同質性を見出せていない諸外国に対する奉仕に繋がると思います。

日本及び日本人の霊的な使命について、「かつて日本が全世界を統治していた」「やがて日本人が世界をリードする」等々の言説は国内においてよく聞かれます。

精神世界の探求者たちの声に耳を傾ける限り、その可能性を頭から否定することはできません。ですが、もしそのような時代があったとしても、すでに過去の話であって、今、ここで現実化している話ではありません。

日本及び日本人の潜在的な可能性を、今という時代の中において、また国際社会の中で具現化（可視化）しない限り、日本的霊性は眠ったままと同じ。

その霊性を目覚めさせ、世界平和のために貢献できるレベルまで引き上げるためには、まず個々人が意識的にスピリチュアルな生き方を選択し、地道に実践しながらより望ましい社会を築いていく以外に道はないでしょう。

どんなにすばらしい理念・理想も、それを体現する人の解釈と運用の仕方次第だからです。とりわけ、見えるものしか信じないリアリストにとっては、知識や口先だけの「スピリチュアリティ」はどことなく怪しく感じられ、疎んじられがちなのは、それが「きれいごと」にしか聞こえないから。

立脚点や着地点が見えない「スピリチュアリティ」は頭の中の観念でしかありません。

一方で今、縄文時代が見直され、再評価されているのは、当時の人々のスピリチュアルな感性や文化が暮らしの中で可視化され、長い歴史の中でしっかりと根づいていたからです。もしそのような縄文的生き方をこれからの時代の手本とするなら、今、私たちに求められているのは、目に見えないスピリチュアルな世界を、暮らしの中で、人間関係の中で、そして社会の中において具現化し、可視化すること。

これは、スピリチュアルな知識や情報を、個々の体験を通して具体的に応用していくリテラシー力を養うことにも繋がります。

この点に関して、禅の大家である鈴木大拙はこんな言葉を残しています。

「今日の日本民族の一人びとりがみな霊性に目覚めていて、その正しき了解者だというわけにはいかない」「霊性の覚醒は個人的経験で、最も具体性に富んだものである」と。

コラム　スピリチュアリティを開く　実践のヒント

今は、スピリチュアルな内面世界の扉を開くためのツールやスキルがたくさんもたらされています。以下はその代表的なものの一つです。

◎フラワーエッセンス

花の持つ精妙なエネルギーを水に転写したもので、主にトラウマや感情の解放など心理的な癒やしの目的で使われます。この方法（花療法）を発見したのは、英国の医師エドワード・バッチ博士で、その後世界各地でフラワーエッセンスがつくられるようになりました。類似のセラピーにホメオパシーやオーラソーマなどがあります。

◎各種の瞑想法

ＴＭ瞑想やヴィパッサナー瞑想などさまざまな瞑想法がありますが、自我を超えた真の自己を発見するのが瞑想効果の一つと言われています。心身をリラックスさせた状態で深い呼吸を続け、価値判断をせず、気づきや「今、ここに在《あ》る」ことが大切で、これによりスピリチュアルな内面世界の扉が開きやすくなります。

◎各種のワーク

スピリチュアル系のワークを体験することも真の自己の発見に役立つことがあります。自己観察やプロセスワーク、インナーチャイルドの癒やし、スピリチュアルヒーリング、ファミリーコンステレーション（家族療法の一種）などのほか、シャーマニックな舞（巫女舞や観音舞など）も神霊を招き、内なる女性性を開くと言われています。

スピリチュアリティ（霊性）とは？

意識下に組み込まれている神聖な領域
超越的な存在を感得する心性
自己超越を促すエネルギー
そして　はてなき意識進化の原動力
それが　スピリチュアリティ（霊性）

スピリチュアルな生き方

スピリチュアルな生き方
それは　知識や能力とはまったく無関係
大きなことを成さなくとも
ただ　自分の魂に正直であること
外に何かを求めなくとも
ただ　今　在るものに心を向けること

スピ断食

あり余る量の　精神世界の知識や情報
自分にとってどれが必要かもわからず
体験を通して確かめることもないまま
人と比べて落ち込んだり　焦るだけで
何も変わっていない　自分に気づいたら
「スピ断食」をしてみよう！
むやみやたらに手を出したり
せわしなく頭を動かすのをやめた時
本当に　本当に　大切なものだけが見えてくる

Part 3

自然・宇宙

この章のテーマは、「自然・宇宙」です。

僕がこの分野で最も影響を受けたのは、主にニューサイエンスと呼ばれる分野の翻訳本です。たとえば、『アクエリアン革命』（実業之日本社）、『タオ自然学』（工作舎）、『宇宙はグリーン・ドラゴン』（TBSブリタニカ）、『生命のニューサイエンス』（工作舎）、『生命場の科学』（日本教文社）、『バイブレーションメディスン』（日本教文社）、『ホーリズムと進化』（玉川大学出版部）、『リサ・ランドール　異次元は存在する』（NHK出版）、『僕らは星のかけら』（ソフトバンククリエイティブ）、『自然は脈動する』（日本教文社）等々。

日本人による著作物の一例を挙げると、今西錦司著『進化とはなにか（講談社）』、石川光男著『生命思考』（阪急コミュニケーションズ）、中村佳子著『生命誌とは何か』（講談社）、岸根卓郎著『量子論から科学する見えない心の世界』（PHP研究所）等々です。

取材を通じて自然の素晴らしさについて学ばせていただいたのは、小野田寛郎《ひろお》さん、宮脇昭さん、木村秋則さん、川口由一《よしかず》さん、赤峰勝人さん、上遠《かみとお》恵子さん、林真一郎さん、ジョセフ・コーネルさん他。神秘的な宇宙や生命の仕組みを学ばせていただいたのは、五井野正さん、木内鶴彦さん、保江《やすえ》邦夫さん、関英男さん、井出治さん、光田秀さん、カール・サイモントンさん、グラディス・マクギャレイさん、ジャック・バンヴェニストさん等々です。

皆さん各々の分野で新たな道を切り開かれた先駆者たちです。この章は、そんなフロンティアたちから教えていただいた自然や宇宙に関する知見をベースにしていきます。

「自然とともにあるスピリチュアリティ」を体現している人たち

自然は偉大な教師である。

これは、僕が取材を通して出会った人たちに共通した思いであり、変わることのないスタンスであったように感じます。

自然の中に宇宙を見、自然を通して人間らしさを取り戻していく――そのような生き方を実践している人たち。あえて言うなら、Ｐａｒｔ２で触れた「自然とともにあるスピリチュアリティ」を体現している人たちです。その代表的な人物をご紹介しましょう。

まずは、フィリピンのルバング島でたった一人で30年近く生き抜いてきた小野田寛郎さんです（元陸軍少尉・故人）。

小野田さんは、陸軍中野学校を経て日米開戦後の１９４４年12月、ルバング島に派遣され、以来30年間、任務解除の命令を受けられないまま戦闘を続行。最後は一人きりになり、74年３月に作戦任務解除令を受けて、51歳で日本に帰還します。

翌年ブラジルに渡り、牧場を経営。その後、ブラジルのニッケイ新聞で日本の若者が親をバットで殴り殺した事件を知り、日本の若者の精神的な危機を察知し、母国への恩返しをかねて野外活動を通して子どもたちに自立の大切さを説く「小野田自然塾」を設立し、塾の指導とともに日本各地で講演活動などを続けていました。

僕は福島の山の中にある小野田自然塾を訪ね、数日間現地取材をさせていただきました。

そこは、キャンプ生活を通して「人は一人では生きられない」ことを身を持って体験する場で、全国各地から集ってきた現代っ子たちは、普段の生活から離れてゲームなどの遊び道具もないため、不安と不満そうな表情を浮かべていました。

ところが、子ども同士で力を合わせないと食事も摂れないし、何をするにも一人ではできないことを知るにつけ、お互いに声をかけあって助け合い、それに伴って表情も日を経るごとにイキイキとし、2、3日後にはみごとなチームワークで生活を楽しんでいたさまがとても印象に残っています。

子どもたちの自立性や明るい未来を念じ、いち早く自然生活を体験させた小野田さんは、次のような明言を残しています。


「豊かさは自分の心で感じるもの。不便さは何とでもなる。最後は自分の五体で何とかなる」

「世の中には出来そうにないことでも、やらなければならないことがあるし、できることでもやってはいけないことがある。この判断基準こそが、その人の価値を決める」

「若い意気盛んなときに、全身を打ち込んでやれたことは幸せだったと思う」

「馬鹿な人は嫌いだ。馬鹿な人とは頭のわるい人のことではない。自分勝手で思いやりや常識のない人のことだ。人は一人では生きられないのだから」

「生きることは夢や希望や目的を持つこと。それらは教えられたり強制されたりしても、湧くものではない。自分で創り出すしかない。甘えてはいけません」

たった一人で始めた本物の森づくり、夢は地球を森で埋め尽くすこと

自然という現場にしっかりと根を張っている人ほど、そこには見えない普遍的な原理があることを知っている。

そこで次にご紹介したいのは、「宮脇方式」と名づけられた本物の森づくりで世界的に知られる生態学者の宮脇昭さん（横浜国立大学名誉教授）です。

宮脇さんの夢は、今の地球を森で埋め尽くすこと。この大志を抱いたのは60年以上も前のことだそう。

きっかけは、若い頃に自分が書いた論文を高く評価してくれたドイツ国立植生図研究所所長のラインホルト・チュクセン教授との出会いで、チュクセン教授の「潜在自然植生」という考え方と方法を学ぶために宮脇さんはドイツに留学しました。

潜在自然植生とは、人が手を入れない状態で本来その地に育つ樹木のことで、宮脇さんは、日本列島の場合はほとんどの地域においてシイ・タブ・カシが主木であることを発見し、自然の森を構成している多数の樹種を混ぜて植樹する混植・密植型の植樹法を編み出して一人で現場に出て行きます。

それ以来、日本国内はもとより、タイ、インドネシア、マレーシア、ブラジル、チリ、モンゴル、中国等々で現地の人たちと力を合わせて植えた木はなんと4000万本以上。この数は、3・11（東日本大震災）を経た現在もなお日々刻々と増え続けています。

人間にとって、そして宮脇さんにとって森とはどのような存在なのか？——ご自身の著書の中でこう記述しています（以下、河出書房新社刊『4千万本の木を植えた男が残す言葉』より引用）。

人間にとって森とはどのような存在なのか？

私たち人間にとって森とはどのような存在なのであろうか？

端的にいえば、森はいのちの源、人類のふるさとそのものである。森を単なる木材生産・調達の場や自然の化粧的な装いとして見ている限り、森の存在意義は決してわからない。

現在、私たちは物やエネルギーに満ち溢れた生活の中で、あるいはまた情報メディアの洪水の中で、常に時代に乗り遅れまいと右往左往している。

そのような状況の中では、自然界の中でヒトはどのような存在であり、いのちを存続させるためには何が必要で、未来のために何をなさねばならないかといった、生物としての本質を見失いがちだ。

生物としての人間を生かしている基盤は、もちろん自然であり、その自然は植物社会を基盤としたトータルなシステムから成り立っている。生物はそのトータルシステムとしての自然の中から生まれ、そして環境変化に適応しながら永い年月をかけて進化を遂げてきた。ようするに、私たちのいのちを生みだし、支えているのは自然のシステムである。

エコロジカルな視点で見れば、私たちがいくら科学技術を発展させ、あり余るほどの富を築き、あらゆる欲望を満足させたように見えたとしても、いのちの基盤である自然そのものが劣化したり破壊され続ければ、生物としての人間の存続そのものが危ぶまれる。

いくら科学技術や医学が発展し、バイオテクノロジーが進歩しても、あるいはどんなに大金を積んでもいのちそのものを手に入れることはできない。人間の手ではＤＮＡ、細胞一つつくりだすことはできないのである。

このように、生物学的に見れば最も重要なのはいのち（生命）であり、そのいのちを支えてくれているのが森である。

この地球上に生きている限り、人間を含む動物は植物たちがつくりだす酸素がなければ生存できない。生きている森の緑、それは芝生の30倍の表面積を持ち、新鮮で豊かな酸素を供給してくれている。

また、動物が吐きだす二酸化炭酸を吸収して有機物に合成し（光合成）、動物の排泄物や廃棄物などを分解して土に還してくれるのも森の働きである。

さらに、森は多層構造の植物社会を中心として、微生物や昆虫をはじめ爬虫類や鳥類、小さな哺乳類などが生息するための土壌や鉱物を含む多様な環境（生態系）を形成し、人間はそうした生物・非生物間における物質循環の恩恵に与かっている。

森には地球上の生物種5～8割が生息しているとも言われる。森の中の植物がつくる有機物を虫が食べ、その虫を鳥などの小動物が食べ、さらにその鳥をもっと大きな鳥や動物が捕食するシステムである（生食連鎖）。ということは、私たちが毎日食べているものは、たとえそれが肉や魚などであっても、元をたどれば森林生態系、すなわち植物たちが生み出したものなのである。その意味でも、まさに森はいのちの源なのだ。

宮脇さんが植樹と同様に力を入れてきたのが、人づくりです。特に未来を担う子どもたちの育成には心血を注いでいて、僕が取材を通じて感じたのは、本物の森づくりは人の心に木を植える作業でもあり、「豊かな人材育成に繋がる」ということでした。

自然界（森）は、多種多様な生きものがお互いに我慢しながら競争と共存し、全体として支えあいながらイキイキと生きている――これは人間社会においても当てはまるいのちの仕組み。そのように、宮脇さんから学ばせていただいたのは、森そのものの大切さと人としての生き方です。

これをスピリチュアルな観点から言い換えると、こんなふうに言えるかもしれません。

人類の心の砂漠化が、森の砂漠化をもたらした。であるなら、外的な環境を元に戻すためにも内なる環境、すなわち心の緑化を図ることが重要で、それこそが自然とともにあるスピリチュアリティ。ゆえに、本物の森をよみがえらせることは、本物の人間を育てること。

心の緑化とは、自然に学び、自然とともに生きる中で、いのちに対する感謝や畏敬の念、そして協働（共同創造）の大切さを知り、生かされているわが命を懸命に生ききること。

宮脇さんは取材でお会いするたびに、鋭い目差しでこちらの目を見据え、「命がけでやりましょう！」「命がけでやってください！」と言いながら握手を求めてきました。その理由は「森はいつも命がけ」だから。

自然という現場で森のいのちと真摯《しんし》に向き合い、自然に対する愛と感謝に裏打ちされた命がけの行動。宮脇さんに会った誰もがすぐに宮脇ファンになり、本物の森づくりに参加したくなるのは、そのためです。

自然と自分が一体であることに気づくシェアリングネイチャー

もう一人、僕が「自然とともにあるスピリチュアリティ」を強く感じた人物がいます。

それは、シェアリングネイチャーを創始した米国のナチュラリスト、ジョセフ・コーネルさんです。

シェアリングネイチャーは、日本では以前はネイチャーゲームとも言われ、いろいろなアクティビティを通して、自然の不思議や仕組みを学び、自然と自分が一体であることに気づくことを目的とした自然体験プログラムです。

大人が子どもに一方的に知識を教えるのではなく、大人も子どもも一緒に自然を体感することで、私たちも自然の一部であることや、自然から得た体験や感動をわかちあう姿勢をとても大切にしていて、都市部であっても緑のある公園などどこでも行えます。

参加者同士が体験を分かち合うことで相乗的な教育効果を生み出すことから、リーダー（指導者）は参加者の心理状態や学習テーマに合わせて、個々のゲームを組み合わせるフローラーニングという独自の手法を用います。
　僕が初めてシェアリングネイチャーのアクティビティを体験したとき、「これを考案した人はスピリチュアルな人に違いない」と直感し、いつか取材をしたいと願っていたところ、幸運にも数年後にそのチャンスが訪れました。
　コーネルさんは米国シエラネバダ山脈の麓アナンダ村に暮らしており、ベジタリアンで、ヨガや瞑想を取り入れた自然と共生する生活を送っているとのことでした。以下はそのときのインタビュー内容を抜粋したものです（ナチュラルスピリット刊『スターピープル』2008年vol．25より）。

――アメリカでは、どのような分野に導入されているのですか？

コーネル氏　アメリカでは野外教育のリーダーや教員をはじめ、宗教家、ソーシャルワーカー、医者などの治療家、瞑想の指導者などもシェアリングネイチャーを導入しています。

――つまり、環境教育という枠を超えて実践されている？

コーネル氏　おっしゃるとおりです。ネイチャーゲームの活動は、自己認識を拡張し、自分の外界に通じているスピリットを感じることを目的としています。ヘンリー・デービット・ソロー（アメリカの思想家・ナチュラリスト）は、「自分のことを忘れることが自然と神を体験する秘訣だ」といっていますが、私たちは自分のことだけに気をとられると自分だけの世界に閉じこもってしまい、問題を抱えて病気になるなど心身ともに行き詰ってしまいます。ですから、「自分とはこの身体の中のものだけだ」という先入観を取り払うこと、それがネイチャーゲームの大きな目標です。

――いいかえれば、環境問題の本質は、自分のことだけに閉じこもっている人々の意識の狭さにある、と。

コーネル氏 そうです。私たちは往々にしてシンプルなあり方を忘れてしまいます。それゆえ内的に満たされず、落ち着きがなくいつもソワソワし、自分の心を満たしてくれるものを外に求めてしまう。ネイチャーゲームの活動では、自然との一体感から得られる深い充足感、それは一瞬かいまみるようなレベルかもしれませんが、小さいながらも体験を与え、自己のあり方を根本的に変えてその人の生きざまに反映させていく……。そこで、多くの人が自然体験をとおしてその人の生き方が変わり、さらに周囲の環境に対して発展させていけるようになればすばらしいと思います。

「静寂な心をもたずして美を感知することはできない」（ソロー）

――コーネルさんご自身がヨガや瞑想をされ、ベジタリアン生活を送っているのは、そのようなシンプルな生き方と関係がありますか？

コーネル氏　はい。ソローがいった言葉に「静寂な心をもたずして美を感知することはできない」という言葉があります。私は10代の頃から瞑想を続けており、現在はカリフォルニアである明確な目的をもったコミュニティーで生活をしています。250人ほどのメンバーがいて、誰もが簡素なライフスタイルを心がけ、学校もあり、ビジネスも行われています。そこは山のふもとにあり、アナンダ村と呼ばれています。

――そのコミュニティーではどんな生活をされているのですか？

コーネル氏　アナンダ村では誰もが瞑想の習慣をもち、シンプルライフを営みながら、意義のある仕事をしています。環境に配慮した生活を続け、海外からの来客を招き入れる施設もあります。瞑想と奉仕と簡素な生活が私たちの信条です。

アナンダ村と同じような共同体が世界に8つほどあり、全部で1500人ほどの人たちが住んでいます。こうした共同体で同じ理想を共有する仲間たちと生活することで互いに勇気づけられ、より確信をもって世界に情報を発信することができるのです。最近、ソニーに勤めている女性の協力を得て、「The Gift of Inner Peace（内的平穏という贈り物）」と題する瞑想のＤＶＤを製作しました。その映像はインターネットの http://www.giftofpeace.org/play_movie.html で見ることができます。

――自然保護の父と呼ばれるジョン・ミューアからはどのような影響を受けていますか？

コーネル氏　ジョン・ミューアはとても深い自然体験をした人です。個人的な小さな存在は消えうせて、雄大なヨセミテ渓谷の山になって空の高みに昇ったり、雲になって漂うような意識になれた人だと思います。そのように、私たちが自然のなかに行く理由は、自分を超えたものを感じ、大いなる存在の一部だという拡張された意識を体験したいからではないでしょうか。自分より大きな存在になるという意味において、自然から得られる体験と宗教から得られる体験は同じものだと思います。

――私たちが大いなる存在の一部であることに気づくための手段がネイチャーゲーム。

コーネル氏　はい。ネイチャーゲームは、それを平易な方法で自分と関連づけるための入口になると思います。自然のなかでインスピレーションを与えられたり、静かな気持ちになったり、無条件の愛を感じられるようになったりすると生きざまが変わってきます。仏陀は「私たちは自分が思ったような存在になる」といっていますが、ネイチャーゲームの活動自体が瞑想的な要素をもっていますし、実際にリーダーたちの多くも日々瞑想を続け、平穏で静寂な意識を深めています。（中略）

――さまざまな専門分野のリーダーたちの意識教育にも繋がるということですね？

コーネル氏　はい。すべてのことがらは私たちの意識の反映だからです。投影している私たちの意識が体験を通して自然と一体化する、それこそがネイチャーゲームの真髄です。

「自然と神と美は同義語だ」（ジョン・ミューア）

――最後にお聞きします。コーネルさんにとって自然とは何ですか?

コーネル氏　ジョン・ミューアは「自然と神と美は同義語だ」といっています。普遍的に存在する意識の表現――自分の真の存在を認知したとき、私たちはそれを理解します。私は自然のなかを散策するとき、私のなかにあるものと同じものを周りの木々や風のなかに感じようとします。そのとき私自身が太陽の輝きとなり、雲と一緒に空を漂っている。それが私自身の現実であり、みんなの現実でもあることを思い起こそうとしています。それによって私の人生が喜びに満ちている。ですから、誰もが喜びに満ちた生き方ができることを、ぜひ自然のなかで体験し、実感していただければと願っています。

インタビューを終えて　まるで禅僧のようにムダのない言葉で本質を語るコーネル氏。ジョン・ミューアは大自然のさまを「神の庭」と評したが、それは内的平穏や瞑想という深い意識によって誰でも繋がりを確認し、一体化できる。コーネル氏はそう東洋的に表現しているようにも思える。いずれにせよ、五感を開いて心身ともに母なる自然と共鳴することができれば、人はおのずから自然と共生できるシンプルな生き方を選ぶに違いない。

多次元宇宙のすばらしさを教えてくれた3人の科学者

次は宇宙の話です。ここでは、多次元的な宇宙の仕組みについて学ばせていただいた3人の科学者を取り上げたいと思います。

まず一人目は、世界各国のアカデミシャンの称号を持つ五井野正さん。

五井野博士は、スペイン、ロシア、アルメニア、ウクライナ、イタリア、ロンドン、ラトビア共和国等々、多数の国のアカデミー栄誉称号（ロシア国立芸術アカデミー名誉正会員やスペイン王立薬学アカデミー会員など）を持つ天才的な科学者であり稀有《けう》なアーティスト。日本における空き缶回収運動やタバコのポイ捨て禁止運動の先駆けであり、また1977年には精神世界系の『七次元よりの使者』を出版し、その愛読者とともに日本を美しくするための「ウイッピー運動」を続けてきた活動家としても知られています。

五井野さんは主に海外で活躍する中で、「五井野プレジャー」という自然薬を開発してエリツィン大統領やチェルノブイリ原発事故で被爆したウクライナの子どもたちを救ったり、世界の要人や名だたる科学者、宇宙飛行士、芸術家、宗教家等々と交流を続けるとともに、日本でも3・11のときにいち早く原発施設内部がメルトダウンを起こしているから早く避難すべきだと警告を発するなど、原発の危険性についてメディアで発信していました。

また、月刊誌『ザ・フナイ』に寄稿したり、著書『今、知らなければいけない重大な真実を語るメジャーな人々』（ヒカルランド）の発刊によって日本でもその名が広く一般に知られるようになりました。

とりわけ近年は、福島第一原発事故の真相を語る講演会などによって、その卓越した勇気ある発言が日本の現状を憂う人たちの間で注目の的になったのですが、僕が五井野さんにお会いしたのは２０１６年の夏、信州の地でした。

その際のインタビュー内容は『天才五井野正博士だけが知っているこの世の重大な真実』（ヒカルランド刊）でまとめさせていただきましたので、感心のある方はそちらを参照していただければ幸いですが、僕が最も感銘を受けたのは、常に宇宙的な視点から今の地球人のあり方を見つめてきた五井野さんの温かくもクールな視点でした。

なぜそのような視点が持てていたのかというと、五井野さんが20代の頃にご自身が「次元界」と呼んでいた時空を超えた次元にトリップした原体験が元にあったようです。

五井野さんによると、それは幽体離脱ではなく、肉体を持ったままで次元界、換言すると、虚空と呼ばれる多次元宇宙の源に入って、そこで地球の過去や未来、そして宇宙の果てまで見て帰ってきたそうです。

ご本人によると、そのときの体験は、後に話題になった宇宙人の魂を持つ（金星の5次元都市からやってきた）女性が語ったとされる『私はアセンションした惑星からきた―金星人オムネク・オネクのメッセージ』（超知ライブラリー）の内容とよく似ていたようですが、五井野さんが自身の体験に基づいて書いた『7次元よりの使者』（全4巻／現在は絶版）は、オムネクの本よりも30年以上も前に出版されているのです。

当時日本ではチャネリングという言葉は知られておらず、『7次元よりの使者』はSF小説として出版されましたが、その内容は、法華経の真実を明かす人物を中心としてムーやアトランティス、未来予知や今のチャネリング本のようなスピリチュアルなメッセージがたくさんちりばめられています。

『7次元よりの使者』0の巻の帯には、次のような文章が記されています。

宇宙から来た法華経の真実を伝える行者

銀河系の法華経の行者が、地球という地獄の中で苦しんでいる心ある人々を救おうと降りて行ったが、逆に邪王によって自らも地獄の中に落とされてしまった。それを察した宇宙の中心者が19××年、地球に降りて来た。そして今、ひとつのドラマが始まろうとしている。儀式を超えた壮大なドラマが地球の日本を中心舞台に始まった。

この物語の中の一つに、大通智青年と竜宮の乙姫（女王）との会話があり、この二人のやりとりの中に、五井野さん自身の心情を重ねていると思われる箇所があります。それは、乙姫が大通智青年に対して、地球を離れて水星に行くように誘った時の、次のような会話です。

「貴方は何故、そんなに地球にこだわるのですか？あの世界は宇宙の牢屋という所なのですよ」（中略）

「それは私の目的があるからです。地球は牢屋ではなく更生の場所です。（中略）私は知っていて覚悟して生きてきたのですが予想以上に酷（きつ）かった事、そして意外な処に心ある人達もいた事、智恵の王者だけにその知る処と逆に行動して人々の苦しみを味わい、そこらかどう脱するかを、あえて体験したからとも言える。法華経で説く釈尊の心はそうした菩薩道だという事です。その心なくして法華経の釈尊には出会えない。そういう意味で人々は多かれ少なかれ私の後を同じ様にして歩まなければならない為に私は法華経の釈尊に出会う必要があったのです」
「それで出会いましたの？」
「既に出会いました。それから後、私は創造神として再び戻るというより人間として、最高表現体として永遠に生きて行こうとしているのですが、まだ地球に問題を残しているのです」

このあと、地球に残された問題とは、弥勒《みろく》が仏になるまでの難（段階）と地球の磁場が不安定になることが示され、最後にこう記されて本文が終えられています。

地球は今、さまざまな思惑を乗せ不安定のまま未知なる世界に出航し始めたのである。それは何処に？

マスメディアは「触らぬ神に祟りなし」として報道してこなかった

こうした記述やご本人の言葉から、五井野さんは常に宇宙的な視点から法華経の神髄、すなわち大乗仏教（正法）の真意を説くことによって大衆の目覚めを促そうとしていたのは間違いないと思います。

だからこそ、それを阻止したい勢力からさまざまな圧力を受け、日本のマスメディアも「触らぬ神に祟りなし」として五井野さんの社会的な功績を全くと言っていいほど報道してこなかったのでしょう。

それでも五井野さんは、宇宙的な視点から、さまざまな闇の勢力の動きを含めて末法の世をもたらした真の原因とは何かを明かしながら、一般大衆に向けて原因・結果のカルマから解放される方法を最後まで説き続けていました。

詳しくは、ヒカルランド刊『一念三千論で解く宇宙生命の秘密』をご参照いただくとして、五井野さんが何度も強調していたのが、ニュートンが発見したとされる「重力の法則」や、アインシュタインの「光速を超えられない」という今の科学理論の誤りです。

五井野さんは、高校のときに3種類の磁場エネルギーを交互に応用した設計図を書いたことがあり、のちにアダムスキー型の円盤が一般社会に知られるようになった頃、知人が「五井野君が円盤をつくって飛ばしているんだろ」と父親に言って来たくらい、磁力（磁場）の研究に没頭していたそうで、そのときすでに重力や光速を超える原理に気づいていたというのです。

その後、ロシアのアカデミシャンたちと交流するようになって、彼らはニュートンやアインシュタインの誤りについて当然のように知っていたそうで、五井野さんご本人は「自分の考えが正しかったことを確信した」と言っていました。

また、五井野さんが宇宙飛行士から直接聞いた証言などによると、今、地球上で目撃されている円盤は、地底人による円盤、宇宙から飛来する宇宙人による円盤、そしてそのいずれかの技術を学んだ地球製の円盤で、これらに共通しているのは、どの円盤も推進力に磁力を使っている点だそう。

そして、円盤だけでなく、軍事や宇宙開発に関わる超ハイテク技術は、地底人や宇宙人によってもたらされているとも語っていました。この証言は、元CIAのスノーデン氏や数多くの軍事専門家なども同じような証言をしていることから、ほぼ間違いないでしょう。

ようするに、私たちが教科書で習ってきた唯物科学や、メディアの報道は多分にウソが含まれていて、五井野さんは心ある人はまずその点に気づいてほしいとの思いから、最後まで諦めることなく、独自の観点から情報を発信し続けていたのだと思います。

言い換えれば、スピリチュアルな体験と多次元的な世界観を背景にしながら、仏法を説く方便として歴史や裏社会の真実を明かすと同時に、この世のさまざまな問題解決のためのヒントやモデルを可視化してきたとも言えます。

この点が、いわゆる「陰謀論」者との大きな違いです。

中でも、五井野さんがビジョンの一つとして掲げていた「オーヤング構想」に基づくふる里村文化運動は、「ネオ縄文的生き方」とも重なっていることから、ここではその点を踏まえて要点だけご紹介しておきたいと思います。

五井野博士が始めた美しい日本を取り戻すための運動

◎オーヤング構想とは、日本人が自然豊かな場所でもっと自由な暮らしを楽しめるようにという構想で、『7次元よりの使者』の本の読者らとともに、地方における新しい時代にふさわしい形のふる里づくりを提案したのが「ふる里村文化運動」の出発点。

◎モデルとしたのは日本の江戸時代（循環型）の暮らし。江戸時代、海外からやって来た人たちが「こんなすばらしい国はない」と絶賛していて、だからこそ、ゴッホなど西洋の著名な画家などが理想の国として当時の日本に憧れていた（ジャポニスム）。つまり、元々美しかった過去の日本を現在に戻そうというのが、ふる里村文化運動の目的。

◎『ふる里村情報』（1982年創刊）では発刊当時から食の安全について取り組み、農薬の空中散布の危険性についても警鐘を鳴らし、無農薬の食物の情報を提供したり、都会から「ふる里村」に移住を考える人のために住居や仕事の情報を世に発信。さらに、日本文化の再認識を提唱し、19世紀に浮世絵や陶磁器などの日本の美術品が海外に渡り、西洋文化に多大な影響を与えたことを雑誌で特集するなどして当時話題になり、新聞やテレビなどで数多く取り上げられた。

◎この新たなふる里づくりは、仏教で言われる「弥勒浄土」とも関係していて、宇宙における地球文明の総決算を一念三千の中の国土世間に表していくことが、東方の弥勒浄土に繋がっていく。それを実現するためには、まず美しい場所、日本人の心が洗われるような場所が必要で、それは縄文文明にヒントがある。

◎縄文と言えば、八ヶ岳山麓や蓼科山の山麓に連なる昔の日本の文明で、当時の人たちは現在の信州の八ヶ岳や蓼科山麓の周辺で1万年以上前から黒曜石を使った豊かな暮らしをしていて、その縄文文化が青森など日本各地に伝播した。
黒曜石は、矢じり、槍、ナイフ、石錐《せきすい》など、当時の生活や芸術文化に欠かせないもので、黒曜石文化がその後の日本人の高度な手仕事文化に繋がっていき、この黒曜石文明の歴史を調べていくと、シュメール文明にたどり着く。

◎シュメールでは30万年前から黒曜石を使っていたことがわかっていて、シュメール文明と日本の縄文は明らかに一本の糸で繋がっている。現在のアルメニア共和国は小さな国だが、元々は大アルメニアといって大きな国で、さらにさかのぼるとインドを含めた大きなシュメール王国だった。

◎旧約聖書から観ると、ノアの箱舟がたどり着いたアララト山は地理学的にいうとアルメニア高地に位置していることから、今のアルメニアは聖書の世界におけるアララト山に降りた最初の民族。実際にアルメニアに行くとわかるが、一番大きな山がアララト山で、これは大小二つの山から成り、小アララト山は日本の富士山とよく似ている。アララト山の近くには大きな湖があって、それはセヴァン湖と言い、大規模な湖としてアルメニア高地にある。これは日本の富士山と諏訪湖の関係によく似ていており、その諏訪湖の上に黒曜石の原産地である霧ヶ峰があり、「縄文のビーナス」や「仮面の女神」など大変貴重な縄文土偶や遺跡が数多く発見されている。

◎他にも、シュメール神話と日本の記紀（古事記・日本書紀）の説話や王家の紋章がよく似ていることや、また日本各地で古代シュメールのペトログリフ（岩刻文字）が発見されていることからも、日本人のルーツはシュメールでもあると考えてもおかしくはない。以上のような理由から、ふる里村文化活動の拠点を信州に置き、またこれから起きるであろう天変地異や戦争の危機など、いざというときの備えの地を兼ねている。

◎今の温暖化はCO_2（二酸化炭素）が原因ではなく、地球を取り巻いている磁気圏の一部が大きく崩壊しているから。磁気圏の中の熱圏が崩壊しつつあるのは、すでにNASA（米航空宇宙局）によって発表されている。地球温暖化の影響で減少し続けていると言われてきた南極の氷が、実は反対に増えていたこともNASAの観測によって明らかになっていて、しかも、熱圏の破壊によって電離層の電子量が増えて、電子密度が高まることで地震が起きる可能性も高まっている。

◎東南海における大地震が起これば大津波も起き、そうなると海深くの日本海溝の中に日本列島が沈み、富士山も沈む可能性が大になる。そうなれば、縄文時代と同じように海面が上昇し、定住できる場所が今よりも限られてくる。

◎一方で、アジアでもいつ戦争が起きても不思議ではないし、ロスチャイルドたちはそのための最後の仕掛けをしてくるかもしれない。そのようなことを総合的に勘案すれば、都会ほどサバイバルに向いていないことは明らかで、今のうちに少しでも安全な地域に移り住むのが賢明な判断。万が一のために、今から自給自足生活をしていくことが必要になるかもしれない。

弥勒菩薩《ぼさつ》の「慈悲」と文殊《もんじゅ》菩薩の「智慧《ちえ》」が人類を救う

今で言う「循環型の暮らし」や「自然と共生するコミュニティ」を誰よりも早く志向していた五井野さんは、他にも浮世絵の価値を世界に広めたり、アーティスト活動を通してファンの感性を刺激したり、国際政治の裏事情をいち早く日本のジャーナリストや識者に知らせるなど多方面の分野で活動されていました。

こうした活動の背景には、やはり次元界（虚空）へのトリップ体験が色濃く影響していたようで、ご自身はそのときの体験を踏まえて次のように語っています（ヒカルランド刊『天才五井野正博士だけが知っているこの世の重大な真実』より）。

大宇宙は無量無辺の世界であり、大空間を占めるものは虚空であり、そこに虚空蔵菩薩がいる。そこに智慧が備わっている。これはいわゆるアカシックレコードやエーテル界などを諸仏の世界にまで応用すればできるものですが、いずれにしても宇宙にはあらゆる情報が隠され、記録されているわけです。

私はウイッピー運動の限界を知り、その後、大日経の秘密部の修業のときに虚空の世界に入り、身を持って霊的な世界を体験してきました。

そのときにわかったのは、死んだら終わりでないし、大脳を超えた「神経」の働きの中に魂の記憶があって、それが輪廻をくり返している、ということなどでした。

つまり、それぞれの神経のレベルに応じて、目には見えない多層構造からなるネエルギーの世界と共鳴しあっているのです。

菩薩にもいろんな菩薩がいるのはそのためで、弥勒菩薩は〝慈悲〟を象徴しているのに対して、文殊（師利）菩薩は〝智慧〟を象徴していることからもわかるように、弥勒は心が素直で良いけれど、智慧が足りないのです。

これは法華経の序品にも記されていますが、智慧が足りなければ、末法の世の世界は救えません。もしこの世に出現したとしても、殺されてしまうでしょう。

そもそも、悟りというものは、絶対的な神の力で一瞬にして相手や何かを変えるというものではありません。

たとえ神であっても、もしそんなことをしたら、カルマをつくってしまいます。なぜなら、宇宙の法則に反するからです。

たとえば、他人の借金を自分が肩代わりしたとしても、それは一時的に相手を助けただけで、その人の借金が自分にきて、自分自身もその人の借金というカルマを請け負ってしまうことになるのです。

また、紛争や戦争にしても、それを止めようとして、新たなカルマのドロ沼に入り込んでしまうし、真実を知る智慧があっても感情のからみをどうやって解くかを知らなければ、いつまでたっても解決できないでしょう。

いくら世界平和が大事だと訴えても、なぜ争いが起きるのか、どうすれば争いを避けられるのかがわからないと、かえって悩みを広げるだけで、何の解決にも繋がらないのです。

いくら慈愛の心があっても、その人を悩ますだけで本当の解決がわからなければ、手の打ちようがないということです。

五井野さんは、今、３次元を超えた世界にいます。

五井野さんが語っていたように、慈悲と智慧の両方がなければ、確かに、今人類が直面しているさまざまな危機を乗り越えるのは難しいでしょう。

これを僕なりに解釈するとすれば、こうなります。

人類のある一定の割合の人々が、左脳と右脳をシンクロさせて全脳の機能、すなわち智恵を最大限に発揮すること。

そしてそのためには、全脳と全細胞を調和的かつ創造的に統合するスピリチュアルなハートの機能、すなわち純度100％の愛と多次元から届けられる宇宙の叡智をフルに活性化すること（「ハートのちから」についてはPart5で詳述）。

そのように、高次のレベルにおいて愛と智恵を結び合わせることができれば、モノ化する人類がもたらしている現代のさまざまな危機を、回避することができるのではないかと思います。

世界的に著名な彗星探索家が体験した3度の死と蘇生

次にご紹介するは、3度の臨死体験を持つ彗星探索家の木内鶴彦さんです。

彗星探索家としての木内さんの実績は世界的に知られており、これまでに4つの彗星を発見。中でも、1992年には「見つけたらノーベル賞級」と言われたスウィフト・タットル彗星をわずか11桁の電卓を使い、独自の軌道計算によって発見し、世界を驚かせました。さらにその軌道から、木内さんが「2126年に地球への衝突」を示唆したことから、初の国際的な環境会議が催されるとともに「地球防衛宇宙構想」が立ち上がり、それに伴ってそれまで米軍が占有していたインターネットが一般に解放され、さらに映画『ディープインパクト』や『アルマゲドン』のモデルにもなっています。

もう一つ、木内さんの名が世界的に知られるきっかけとなったのが、非常に稀有な臨死体験です。何が稀有かと言うと、木内さんの場合、大病が原因で3回も臨死体験をしており、しかも心肺だけでなく脳波も止まっていて、医師からも「死亡」と診断されたにも関わらず30分後に蘇生し、その間の記憶も残っている点です。

その際、木内さんがどんな体験をしてきたかについては、立花隆氏の『証言・臨死体験』（文藝春秋）をはじめ、これまでのご自身の著書や講演会などの場で語られていますが、僕が最初に取材で木内さんにお会いしたのは、1回目の臨死体験のあとで、その頃はまだ口外されることを躊躇《ちゅうちょ》されている様子でした。

ところがその後、木内さんは中国で再び臨死（死後）体験を重ね、それ以降、周囲からの要望もあって、臨死時の様子や、過去や未来を見てきたあの世の記憶について公表されるようになりました。

そして、2017年の秋、僕が木内さんと再会した際に、これまでの木内さんの体験談をインタビュー形式で1冊にまとめるという本の企画について打診したところ快く承諾してくださり、『木内鶴彦の超驚異的な超宇宙』（ヒカルランド刊）という本にまとめさせていただきました。

木内さんが臨死時に訪れたのは、3次元や4次元の世界を取り囲む「意識」だけの世界で、木内さんによると、「そこではすべてが我《われ》として繋がっていて、一つの膨大な意識体を構成していた」と言います。

一般的な臨死体験では、トンネルや光、三途の川やお花畑があったなどの話がよく聞かれますが、木内さんによると、それはおそらく脳内の生体反応によるもので、「第一次臨死体験」とでも呼ぶべきもの。

それとは別に、完全に心肺や脳の機能が停止し、意識が肉体から離れる状態があって、これが「第二次臨死体験」。木内さんによると、このときに膨大な意識体が感じられ、そこが本当の死後の世界だというわけです。

膨大な意識だけの死後の世界で木内さんが見てきたもの、そしてその体験をきっかけに木内さんが発明した地球の危機を回避するための方法について、以下、要点のみ挙げてみます。

木内さんが死後、膨大な意識の世界で見てきたものとは？

◎三途の川や光などを見る臨死の第一次体験は、脳機能が急速に低下したときに現れる一種の幻覚作用であり、心肺と脳機能が完全に停止してから移行するのが本当の死後の世界（第二次体験）で、その次元においては意識体だけで現在・過去・未来を自由に行き来できる。あの世、すなわち膨大な意識とは、3次元＋時間（回転運動）を含む4次元を超えた5次元世界であり、一つの根源的な意識体である。

◎肉体から抜け出て意識体（霊体）だけになっても、自己意識や視覚、聴覚、嗅覚、触覚、味覚などの五感がはっきりある。意識体になると、時間や空間の制約を一切受けなくなり、思うだけで別の場所や過去、未来にも行ける。

また、知らない言葉の内容が理解ができたり、さまざまな潜在能力が開花する可能性がある。3次元における未来の選択肢はいくつもあり、未来がどんな世界になるかは自分の選択によって決まる。

◎膨大な意識（5次元）は完全不動なので、動きを起こすために空間にゆがみを生じさせ、その空間のゆがみが解消されるときのエネルギーの流れが物質や生命を発生させた。5次元の意識は万物の製造元。個人の意識は5次元の巨大なスーパーコンピュータによってプログラミングされた情報で、それが脳に組み込まれている。

◎人間も、膨大な意識のゆがみによって生じた変化の中に入って、苦労を楽しむために生きている。そして、亡くなって肉体を離れたら、元の一つの意識体（5次元）に吸収されていく。

◎もともと太陽系には月はなかった。月の母体は巨大彗星の塊で、それが太陽の熱で溶かされた結果、地球の衛星となったのが月。月が誕生する前、地球の海抜は今よりも2000m低く、生物の概日リズム（体内時計）も25時間だった。月が誕生する前、地球では高度な文明が築かれていたが、大洪水で地球環境が激変し、人類に自我が生まれ、第六感を失っていった。

◎彗星が地球に衝突する前に地球上の植物が枯れるかもしれず、その一因となっているのが光害。その背景にあるのは、利権構造と金儲け主義によって成り立っている原発であり、それゆえ、電力を過剰に使い続けなければいけない現状のシステムになってしまっている。

◎「太陽光集光炭素化炉」（木内さんによる発明・特許取得済）は、原発に匹敵する発電量がまかなえ、一切地球を汚すことなく、ゴミや廃棄物を燃やして元の元素に戻せ、しかも石油が取り出せて、熱エネルギーを電力に蓄えて安価で配給できる。また、「太古の水」（木内さんによる発明）は、金属イオンを溶かし込む溶解度の高い活性水で、医師による臨床データの他、さまざまなデトックス効果が報告されている。

◎地球環境が悪くなったからといって火星に移住するよりも、今の地球環境を整え、生態系を守るのが人間の責任であり、役割。ただし、今の科学のままでは脳の範疇《はんちゅう》を超えられず、5次元という発想がなければ本当の答えは出てこないし、相対性理論の「光の速度は絶対不変」は真実ではないことを知る必要がある。

死後体験は人類の意識覚醒を促すモーニングコール

◎意識体から発せられた思いや祈りによって細胞の再生を設定すると、自然治癒が起きる。

将来的には、体の波長の乱れを音叉《おんさ》を使って同調、共鳴させる波動療法が行われる。

◎現代人は、唯物論の洗脳によって機械と同じになり、意識の働きを封じてしまっている。自分自身が無になって、周囲の気配と同化したときに第六感が覚醒する。自分の本質が肉体や自我ではなく、意識だということに気づくことが重要。

◎まずは食べ物から変えていく必要があり、化学物質によらない安全な循環型の農業を始めよう。同じ建物の中で自分たちで生活できる量の食物をつくり、余った分を他の人たちに販売し、お金のいらない社会システムを目指そう。それぞれが持っている得意なものを持ち寄る「一品持ち寄りの村づくり」。それができれば地球の生態系を壊すこともなく、テロや戦争もなくなるだろう。

木内さんがあの世で見てきた世界や、その体験をヒントにして発明した「太陽光集光炭素化炉」「太古の水」、そして「一品持ち寄りの開かれたコミュニティ」などは、今後の科学のあり方や人類の生き方を指し示していて、五井野さんの視点やビジョンとも重なります。

それはおそらく、お二人が多次元宇宙の根源、すなわち5次元世界から招かれた非常に稀有な科学者だったからに違いないと思います。

そして、木内さんの特異性は、大いなる意識の可能性を私たちの前に開いてくれたことです。木内さんの体験を踏まえると、意識の働きに関して次のような推測ができます。

①個の意識体が脳や肉体の枠を超えて5次元に開放されると、個人の量子情報が非局在化し、「大いなる我」と一体化して「すべてが自分」となる。

②内なる5次元意識が開放されると、テレパシーなどの潜在能力が開花し、個や種の差を超えてあらゆるレベルのコミュニケーションが可能になる。

③臨死・死後体験は、人類の意識の覚醒を促す5次元からのモーニングコールなのではないか。

①は意識の拡大（変容）、②はテレパシックコミュニケーションとも言い換えられ、木内さんのように、肉体を持った状態でそれらが普通に行える人が、ある一定の数を超えたときに、③人類の意識の覚醒、すなわち精神的進化が起きるのではないか――僕はそんなふうに解釈しています。

だとしたら、臨死体験は人類の意識覚醒を促すモーニングコールであり、それに類するスピリチュアルな経験は、意識の拡大（変容）を促す呼び水となるはずです。

湯川博士の「素領域理論」の研究を引き継いだ物理学者

僕が見えない宇宙の仕組みについて学ばせていただいた3人目の科学者は、物理学者の保江邦夫さんです。

保江さんは、ノーベル賞を受賞した湯川秀樹博士の「素領域理論」の研究を引き継がれていて、その理論に基づいて見えない世界の仕組みについても科学的に解き明かしています。素領域とは空間の最小単位で、素領域理論は、素粒子（物質）の世界だけでなく、非物質、すなわちあの世や霊体などの仕組みについても、矛盾なく説明ができる最先端の物理理論なのです。

つまり、場の量子論が物質を構成している素粒子を細かく見ていくのに対して、物ではなく、物を入れている「空間」に着目し、その未知なる空間の構造と働きを明らかにしていくわけです。

この素領域理論をベースに、保江さんは物理学者としての立場からスピリチュアルな世界の仕組みについてわかりやすいたとえを使って説明しています。とりわけ取材の際、僕が最も認識を新たにしたのが、量子についての解釈です。

これまで一般には、「素粒子は粒子性と波動性の二重性を持つ」とされ、この二重性が量子のふるまいだと解釈されてきました。ところが、保江さんによると、実はこれは誤った解釈だと言うのです。以下、保江さんから伺ったいくつかのポイントを列記してみます。

◎素粒子は粒子でもなければ波動でもなく、量子である。つまり、量子とは、最小単位のエネルギーであって、粒子ではなく、整数倍でやりとりしている、最も小さいエネルギーの塊。

◎量子エネルギーは「自発的対称性の破れ」によって発生する。この自発的対称性の破れによって、最も小さな空間である素領域が生じた。

素領域はジョッキに注がれたビールの泡のようなもので、泡にはさまざまな次元があって、泡と泡の間に接している部分（液体）は「完全調和」の領域。

◎私たちの肉体も素領域（泡）の集合体。そして細胞や原子をつくっている素粒子は、素領域（泡）から他の素領域（泡）へとエネルギー（量子）として飛び移っていて、3次元空間ではそれを素粒子という物体が運動していると認識される。

◎この素領域理論によって、これまでのこの世の物理学（唯物論）を超えるあの世の物理学が構築できる。なぜなら、普通の物理学は空間という「泡の中」しか見ていないのに対して、素領域理論は「泡の外」（泡と泡の間に接している完全調和の部分）と泡（素領域）との関係に着目し、泡（素領域）は泡の外（完全調和）からの影響を受けていることが伺い知れるから。

◎人間の場合は、３次元の素領域の集合体である「肉体」であるのに対して、素領域と素領域の間にある完全調和な部分で構成されているのが「霊体（スピリット）」に当たる。この二つを重ね合わせたものが私たちで、主体はあくまで完全調和な領域側にある霊体のほう。

本当の幸せと完全調和たる神様の望み

この完全調和の領域は、精神世界では「絶対空間」「サムシンググレート」「太極」「一元世界」「創造の源」「ワンネス」などとも呼ばれますが、保江さんは「神様」と呼んでいます。

つまり、神様が分かれた素領域を全部集めたものが私たちのいる空間で、私たちはみんな神様の一部であり、神様は私たちのすぐそばにいる。

そして、その同じ空間内に他の次元の素領域も同時に存在していて、素領域と素領域の間で常にエネルギーのやりとりをしている、ということです。

このように、素領域理論をベースにするとスピリチュアルな世界や現象を科学的に説明できて、ニューエイジや精神世界でよく言われる「ワンネス」も、このような意味合いで使うのならばよく理解できます。

保江さんは、雑誌のインタビューの中で、次のように結んでくれました（以下、『アネモネ』2018年8月発売号より）。


スピリチュアルな表現をすれば、何事に対しても神様のようなやさしい心で真摯に向き合えば、結果として奇跡的な現象が起きたり、個人的な思惑を超えた「万事良し！」の結果がもたらされる——これが古典的な引き込み現象を超える、あらゆる可能性に開かれた量子効果の働きです。神様と呼吸を合わせるだけで、向こうから幸せがどんどんやってくる、という感じですね。

では、その完全調和な領域である神様は何に反応するのか？ 数学者の岡潔先生はそれを「情」と言われましたが、僕は「愛」と表現しています。愛を持って素領域の外側に働きかけると、完全調和な領域が周囲の素領域を最適な配置に整えてくれて、幸せの連鎖が起きる。しかもそれは一個人の幸せに留まらず、全体にとって最適な状態に導くように！

その結果として、思いもつかないような恩恵が与えられます。たとえば、僕ががんの手術をした際、手術室に運ばれるストレッチャーの横で励ましの言葉をかけてくれた看護師さんがいたのですが、あとで確認したらそのような看護師さんはどこにも存在せず、天使が姿を変えて傍にいてくれていたとしか思えない、そのような不思議な現象が何度も起きています。

保江さんが言うように、「愛を持って完全調和な領域（神様）に働きかけると幸せの連鎖が起きる」としたら、我欲（エゴ）を捨てて、愛だけを受け取り、愛だけを伝えていくことができれば、それが本当の幸せに繋がるということなのかもしれません。

本当の幸せとは、魂の満足度。であるならば、あらゆる可能性に開かれた量子のように、自由で決して尽きることのない魂のエネルギーを惜しみなく内外に放射し続けることが、本当の幸せであり、完全調和たる宇宙生命（神）の望みでもあるのでしょう。

尚、保江さんのご著書『神様の覗き穴』（ビオマガジン）の中では、前述した木内鶴彦さんが死んで生き返った現象についても素領域理論の枠組みによってわかりやすく説明しているので、関心のある人はぜひそちらを一読されることをオススメします。

コラム　自然とともにあるスピリチュアリティを開く　実践のヒント

自然に触れ、自然に学び、自然を生活の中に取り入れることによって、私たちの五感が開いて直感が冴えてきます。健全なスピリチュアリティはいつも自然とともにあります。

◎自然に触れる

米国の海洋学者レイチェルカーソンの言葉に「センスオブワンダー」という言葉があり、これは自然の神秘や不思議さに目を見はる感性を指します。リラックスして自然と触れあうだけで呼吸が深まり、不要なものが放たれて新鮮な生気が体内を充たしていきます。素足で土の上を歩くだけでもアーシングされて身体感覚が良好に。

◎自然に学ぶ

たとえば、森林セラピーや樹林気功、シェアリングネイチャーなどを体験することで、頭ではなく身体全体やハートを介して自然との繋がりが深まり、自然からのギフトを得やすくなります。また植樹をしたり、ハーブガーデンや家庭菜園、自然栽培・自然農などを始めることで、気づきや学びが得られることは経験者たちが実証済み。

◎自然を取り入れる

都会に暮らしていても、日々の暮らしの中に自然を取り入れることで感性が刺激され、自然に対する向き合い方が変わってきます。ハーブや精油、フラワーエッセンスやクリスタル（鉱物）など自分が惹《ひ》かれるものや好きなものを身近に置いて、彼らと対話をすることによって、より親和性が高まり、内なる自然力を賦活してくれるでしょう。

すべての元は一つ

遙か昔に死滅した星の炉でつくられた原子
それらが集まって　太陽をつくり　地球をつくり
やがて　地球上に生命が誕生した
だから　僕らはみんな星のかけら

たった一つの海の原始生物が
樹木状に枝分かれしていく　進化のプロセスの中で
そのすべての生物が　互いに支えあってきた

たった一つの受精卵が　37兆個の細胞に分化し
組織や臓器を形成しながら　からだをつくってゆく
そして　そのすべての細胞が　互いに助けあっている

たった一組の祖先から始まって
代を重ねるたびに　数えきれない数の先祖が生まれた

もし　そのうちの誰か一人でも欠けていたならば
わたしという存在は　今ここにいない

すべての元は一つ　そして　すべてはつながっている
わたしたちの中には　これらすべての記憶がある

曼陀羅《まんだら》分の一

密教では　世界を　曼陀羅という絵図で表現した
あらゆる「仏」が　整然と配置されることによって
宇宙の秩序が形成されるさまを表わす　それが曼陀羅

ゆえに　曼陀羅は　宇宙生命の「分母」であり
わたしやあなたは　それらを形成する一つの「分子」
森羅万象　仏性を持つすべての存在は　曼陀羅分の一なのだ

Part 4

愛

この章のテーマは、「愛」です。

精神世界、スピリチュアルな世界のエッセンスを一言で表現するとしたら、愛に尽きるのではないでしょうか。もちろん、愛はあらゆる伝統宗教の中でも重要視されており、仏教学者の中村元さん（故人）によると、古今東西の宗教のエッセンスは慈悲と愛に集約できるということです。

スピリチュアルな分野において愛の本質について語ったり、実践されている方々はたくさんいますが、中でも、患者本位の視点に立ったホリスティック医療の普及に取り組んでいるドクターやナースたちは、患者さんに対する深い愛があることを強く感じます。

また個人差はあるにせよ、医療従事者やボランティア経験が豊富な人たちに愛情深い人が多いのは、人助けをしたいというピュアな精神に加えて、実際にたくさんの患者や困っている人たちと触れあう機会が多く、それゆえ「愛情ホルモン」と呼ばれるオキシトシンが分泌しやすいという理由もあるのかもしれません。オキシトシンは、愛情や絆を育んだり、抗ストレス作用があることが知られており、『Nature』誌でも「オキシトシンが人相互間の信用・信頼を醸成する」という興味深い研究報告がなされているそう。だとすると、親しい人や信頼できる人との触れあいはお互いの絆を深めるだけでなく、自分自身の心をも豊かにして、さらにその愛が深まれば深まるほど、心の垣根を越えてより広がっていくことでしょう。

僕が取材をした、ドラゴンボールの主題歌などで知られる作詞家の森由里子さんは、サーキュラーという宇宙存在からチャネリングメッセージを受け取っていて、その中には「進化する愛」に関するメッセージもあります。

それはまず自分自身を愛で満たし、次に身近な人から徐々に愛のエネルギーを外に広げてゆき、さらに社会や地球全体にまで広げていくというもの。どうやら、愛にはさまざまな次元があり、かつ無限の広がりがあるようです。

神は人と人との愛ある関係性の中で立ち上がってくる

愛について、聖書では次のように記述されています。

「いまだかつて神を見た者はいません。わたしたちがお互いに愛し合うならば、神はわたしたちの内にとどまってくださり、神の愛がわたしたちの内で全うされているのです。神はわたしたちに、御自分の霊を分け与えてくださいました。このことから、わたしたちが神の内にとどまり、神もわたしたちの内にとどまってくださることが分かります」(ヨハネの手紙I　4章7~16節)

「慈悲」を重んじる仏教では、愛は愛欲や愛着を意味する執着だと捉えるのに対して、キリスト教における「無償の愛」(アガペーの愛)は神の働きそのものであり、それは人と人との愛ある関係性の中において立ち上がってくるものであると捉えられています。

そしてその無償の愛は、宇宙に満ちている無限のエネルギーのように、この世のあらゆる困難を乗り越えて、さまざまな奇跡をもたらす魔法の種となるのでしょう。

「愛は寛容であり、愛は親切です。また人をねたみません。愛は自慢せず、高慢になりません。礼儀に反することをせず、自分の利益を求めず、怒らず、人のした悪を思わず、不正を喜ばずに真理を喜びます。すべてをがまんし、すべてを信じ、すべてを期待し、すべてを耐え忍びます。愛は決して絶えることがありません」(コリント人への手紙Ⅰ 13章・4〜8節)

すべての人に宿っている神性・仏性の元にある純度100%の愛

スピリチュアルな観点からすると、愛はどのように捉えられるのでしょうか。

万物の創造の源を「創造神」と呼ぶとするなら、すべての人に神の遺伝子である「神性」が宿っているはずで、神道ではそれを「神の分霊《わけみたま》」と言いますが、その神性・霊性の大元にあるものが純度100%の神の愛と言えるでしょう。

一方、仏教では万人に宿る悟性を「仏性」と呼ぶことから、スピリチュアルな観点からすると、神性・仏性こそが純度100%の愛であり、慈悲心。そして、人生とはそのピュアな愛を自分の中で育んで、他者に与えていくための長い道のりと言えるかもしれません。

いずれにしても、愛は自他や万物を生かしている根源的なエネルギーであり、あらゆる差異や壁を超えるパワーを持っていることは、多かれ少なかれ誰もが体験的に知っているでしょう。

とは言うものの、僕を含むスピリチュアルな世界にハマっている人が陥りやすいのが、行動としての愛ではなく、愛を観念的なものに矮小化《わいしょうか》してしまいがちな点です。


「この世界は食べ物に対する飢餓よりも、愛や感謝に対する飢餓のほうが大きいのです」

「私たちは、大きいことはできません。小さなことを大きな愛をもって行うだけです」

「大切なのは、どれだけ多くをほどこしたかではなく、それをするのに、どれだけ多くの愛をこめたかです。大切なのは、どれだけ多くを与えたかではなく、それを与えることに、どれだけ愛をこめたかです」


これは、愛の実践者として知られたマザー・テレサの言葉です。「愛の反対は憎しみではなく、無関心である」。このマザーの言葉もよく知られているように、愛とは、関心、誠実さ、思いやり、奉仕、自立支援等々の美しい行為の中にこそ、そのいのち（エネルギー・力）を宿す。

そうであるならば、観念的な愛は頭の中の幻想に過ぎません。いくら知識で愛を学んだとしても、内側からわき出る愛でなければ、自分自身のハートを満たし、人を助け、生かすエネルギーにはなり得ない……。

かつて、そんなことを考えさせられた取材体験がありました。

本物の超能力者は人を生かす異次元アーティストだった!

時は、阪神淡路大震災が起きた1995年1月。取材対象者は、関西地方に住む異次元アーティストの仲川雅彦さん。船井幸雄さんが「本物の超能力者」として著書などで紹介した人物で、その影響で興味本位や道場破り的な輩も含めて延べ3000人以上が仲川さんの元を訪れたそうです。

仲川さんの描いた絵が、誰も何も手をつけていないのに勝手に構図や色が変化したり、絵から金粉が出たり、また突然空中から物品が落ちてきたり、まったく別々の場所で同時に複数人の仲川さんが現われたり等々、所かまわず不思議な現象が続いていたことから「関西にすごい超能力者がいる!」などと騒がれたのですが、肝心のご当人はそんな評判はどこふく風。

僕が取材させいただいたときにも、部屋の真ん中から突如スプーンが足下に落ちてきて、すぐにどこかにしかけでもしてあるのかと周囲を見回しましたが、どこにもそんな仕掛けができるような場所もなく、ふり返ると仲川さんは何もなかったような涼しい顔をしていました。

そんな仲川さんに、当時世界的に注目を集めていたインドのサイババについて質問すると、「ほっといてあげたらええんちゃう」と笑顔で一言。

仲川さんは決して超常現象を見世物にするようなタイプではなく、陰で人を支え、生かすプロでした。ご自身で「竹取物語」などの創作劇の脚本や演出を手がけ、たくさんの人たちに自己表現や自己実現の場を与えたり、若いアーティストたちの面倒を見ながらライブハウスを経営したり、宇宙的な感性で古代史の謎に迫ったりと、常にお仲間たちと一緒に暮らしの中のアートを楽しんでいる様子。

そして、精神世界の〝本物〟を求めてやってくる人たちに、超常現象を見せて驚かせるのではなく、人として何が一番大事なのかを自分の生きざまを通して気づかせる。超常現象に惹かれて来た人たちの中で、そこに気づいた人たちだけが仲間として加わり、多方面でハートフルな繋がりを保ちながら今日にいたっています。

なので僕の中では、仲川さんは「異次元アーティスト」。そんな仲川さんの底力がかいま見えたのは、阪神淡路大震災の直前・直後に起きた出来事でした。

震災が起きる直前、仲川さんはそれまで大阪にあったアトリエを神戸に移したかと思うと、その直後に震災に遭遇。周囲は壊滅的な状態だったのに、仲川さんの事務所だけはなぜか倒壊や断水を免れたことから、事務所の部屋を避難所として開放し、炊き出しに奔走。

そして、若い頃高級料理店で修行した腕を活かして食堂を開き、満足な食事もとれない被災者たちにお腹いっぱい温かいご飯をふるまい、仲間たちと一緒に復興に向けて尽力していました。

震災から2、3週間ほどして僕が取材で神戸を訪れた際、仲川さんはこんな話をしてくれました。

「これまで3000人以上の人たちが僕のところに来たけれど、震災が起きて、被災者たちに手を差しのべてくれた人は誰一人いなかった。日本で一番大きい宗教団体も一般の人たちを自分たちの施設に受け入れることはしなかった。僕は精神世界の人たちには愛がないと思った。それに比べて、すぐに慰問に来てくれた天皇陛下と皇后さんの姿がとてもありがたかった」と。

当時、精神世界の人たちの間では「またすぐに大きな地震が来る」「天罰だ！」などといった心ない流言飛語が飛び交っていただけに、「精神世界の人たちには愛がない」と言う仲川さんの言葉と、懸命に人助けに奔走していた姿が、とても印象強く残っています。

愛は行為の中にこそ、そのいのちを宿す。

この業界に長くいると、「一番すごい人は誰ですか？」などとよく質問を受けるのですが、そんなとき、僕は今でも仲川さんの名前を真っ先に挙げるようにしています。

私たちの身体の中でつくられていた「愛の素」

あらゆる存在が愛というエネルギーの種から発生しているとすれば、スピリチュアリティも愛の一つの側面と言えるでしょう。

愛は物質レベルでも確認できます。

そこでぜひ取り上げておきたいのは、「愛情ホルモン」「幸せホルモン」「絆ホルモン」などと呼ばれるオキシトシンの話です。

オキシトシンは女性ホルモンであると同時に、脳内化学物質でもあります。

これまでは、授乳時に分泌され、母性の目覚めや母子の絆を深める作用があることは知られていましたが、実は男女ともに分泌されていて、パートナー双方や動物とのスキンシップなどでも分泌されることがわかっています。

もちろん、愛の働きをオキシトシンという物質だけに還元するわけではありませんが、少なくとも「愛の素は身体の中でもつくられている」ということです。

オキシトシンは、血圧を下げたり、ストレスに抗する働きがあることから、心血管系をストレスの悪影響から守る自然の抗炎症薬ともいえ、オキシトシンの分泌は心臓を再生し、ストレスで起きるダメージを和らげてくれます。

また、心臓を強くするだけでなく、自律神経のバランスを保ったり、記憶力を高めたり、学習効果がＵＰしたり、相手との愛情や絆を深めるといった社会的な繋がりとも密接に関係しているのがオキシトシンです。

東京大学などの研究によると、自閉症スペクトラム障害において、低下していた内側前頭前野と呼ばれる脳の部位の活動が活性化され、それとともに対人コミュニケーションの障害が改善されることを世界で初めて実証したとの報告もあります。

さらに、痛みの軽減、免疫系の活性化、心拍数の低下、不安や抑うつの低下なども報告されていて、人や動物らとの繋がりを感じたときだけでなく、他人に対して親切にすることでも分泌され、誰かに優しい気持ちで接したときなどにも分泌することがわかっています。

ただし、オキシトシンには、育児をじゃまする者に対して攻撃的になるなど、時に攻撃性を高めてしまうこともあるので、寄り添う気持ちをもって相手に接することが大事です。

たとえば、一人で子育てに頑張っている母親たちのつらさを理解し、共感しながら「いつも頑張ってくれてありがとう。できることがあったら言ってね」などと声をかけてあげる。

すると、オキシトシンの作用でイライラを感じやすいママたちの心もホッと安らぐ、というわけです。

寄り添う気持ちとスキンシップで愛は倍増する！

ここで参考までに、オキシトシンについての関連図書を挙げておきます。

『人は愛することで健康になれる』高橋徳著　知道出版／『皮膚は「心」を持っていた！』山口創著　青春出版社／『「脳の疲れ」がとれる生活術』有田秀穂著　PHP研究所／『「親切」は驚くほど体にいい』デイビッド・ハミルトン著・有田秀穂監修　飛鳥新社／『経済は「競争」では繁栄しない――信頼ホルモン「オキシトシン」が解き明かす愛と共感の神経経済学』ポール・J・ザック著　ダイヤモンド社

愛の交歓は異種間コミュニケーションの基本

次に、スピリチュアルな観点から、自然界の愛のエネルギーが私たちの心身を癒やしてくれる事例についてご紹介したいと思います。

心を癒やすセラピーやヒーリングなど、エネルギーワークに関わる分野では、ハートチャクラを開くことを重視します。それは、相手との関係性において、愛のエネルギーによる交歓を促すからです。

愛を交歓し合える相手は、もちろん、人間同士に限りません。

動物や植物などに対しても同じように愛のエネルギーを交歓し合うことができ、多くの場合、私たち人間側が彼らの愛の恩恵を大きく受けています。

それは感覚・感情としての愛着や至福感だけでなく、それらを誘発する微細なエネルギーレベルの交流が確かにそこにあるからです。

とりわけ、僕が動物たちと愛を交歓することの素晴らしさを実感したのは、一時期知人からワンちゃんを預かって一緒に暮らしたという個人的な体験と、アニマルコミュニケーターやアニマルセラピーを行っている方々に取材をし、いろんな体験談を聞かせてもらったからです。

そこでわかったのは、愛の交歓は人間同士に限らず、異種間コミュニケーションを深め、広げてくれるということです。一例を挙げましょう。

ホリスティック医学協会が発行している会員向けニュースレターの取材で、「アニマルコミュニケーションの現場から」という企画を立て、第一回目の取材を申し込んだのは、栃木県在住のアニマルコミュニケーターの森永紗千さんでした。

そこで森永さんに、ペットカウンセリングの事例やアニマルコミュニケーションを図るうえでの大切なポイントなどについてお聞きしたのですが、そのときの記事を抜粋して転載したいと思います。

森永さんは、現在アニマルコミュニケーターの育成にも力を入れており、アニマルコミュニケーションのスクールやドッグトレーニング、レイキヒーリングも行っています（『ホリスティック医学協会ニューズレター』２００９年8月ｖｏｌ．74より。森永さんの最新情報についてはサイトhttp://www.animalcommunicate.com/をご参照ください）。


アニマルコミュニケーション（ＡＣ）とは、テレパシックなコミュニケーションを通じて、動物達が何を思い、どんな事を感じているのかをキャッチしながらお互いの絆を深めていくこと。自然豊かな栃木県でご家族と犬４匹・猫1匹と暮しながらペットカウンセリングとＡＣのワークスクールを主催している森永紗千さんは、セッションのようすをこう説明してくれました。

「私の場合は、その子によってさまざまですが、言葉、映像、感覚、感情、この４つのパターンで気持ちを伝えてくることが多いですね。動物達と向きあうのは自分の心を見つめることにも繋がるので、ＡＣを通じて飼い主さん自身が気づきを得ることも多いです」

幼少の頃から家にたくさん動物がいる環境に育ち、友達や兄弟のように彼らと触れあいなから成長したという森永さん。20代前半にペット関連会社に勤務した際、動物達への不当な扱いの現状に憤りを感じて退社。その後、WEBクリエーターとしての仕事の傍ら、人間の身勝手な都合で捨てられたり放棄される犬猫の保護活動に励むとともに、ドッグトレーニングも習得したそうです。

森永さんがホリスティックケアに関心を寄せたきっかけは、愛犬のアトピー性皮膚炎。西洋医学では改善しなかったことからヒーリング（氣功・レイキ）やさまざまな自然療法を学び、2003年に海外のアニマルコミュニケーターによるワークショップに参加し、同時に愛犬のセッションを体験。そこで愛犬の本心が確認でき、動物と心通わせる素晴らしさに感銘を受け、ACを学び始めたと言います。その後、経験を重ねてアニマルコミュニケーターとして活動を開始した森永さんは、現在、ペットカウンセリングのセッションに励む傍ら、雑誌などでも幅広く活躍しています。

森永さんの場合、保護活動をしていた頃から、何となくその子の気持ちがわかったり、この子はこの家庭に行ったほうがいいんだろうな、というのが直感的にわかっていたそう。とはいえ、動物とのテレパシックなコミュニケーションについては自身がセッションを受けるまでは半信半疑だったとか。

「皆さんそこが一番初めにぶつかる壁ですね。でも、実際に他の人たちと一緒に練習を重ねて検証しながら自信をつけていくうちに、疑心暗鬼はなくなっていきます。もともと飼い主さんは飼っている子の気持ちは何となくわかっています。それを第三者にはっきりと伝えてもらうと、はっきりとした確信になるんですね」

森永さんの元にセッションを受けに来る飼い主さんの場合、単にその動物が何を欲っしているかを聞きたいという場合でも、動物の方から飼い主さんに対して深いメッセージや前世での関係まで伝えてくることもあるそう。動物達の問題行動の原因としてよくあるパターンは、飼い主さんが見栄を張っていたり、頑張りすぎていたり、落ち込むなどのバランスを崩しているか自分らしく生きていないケース。

たとえば、よく吠えるワンちゃんは飼い主のストレスや苛立ちを反映している場合が多いので、飼い主さんにそれを伝えて心の持ち方を変えてもらう。するとワンちゃんも吠えなくなるといったことがよくあるそうです。つまり、動物達は飼い主さんの心の状態を鏡のように映し出してくれているのです。とりわけ犬は飼い主の気持ちに無条件に従う傾向があるので、飼い主の姿勢が問われます。

「近年多いのは、過干渉の飼い主さん。『いい子でいて欲しい』『かわいい子でいて欲しい』『こうあるべき』という思いや、犬に対しての心配や依存が強すぎて、その動物が本来の自分らしさを出せなくなっているケースですね。動物もそれぞれ生まれ持った性格や気質があるんですが、〝本来の自分〟という存在を認めてもらえないと、反抗的になったり、殻に閉じこもったり、結果としてストレスを抱えてしまっていることがあります」。

森永さんによると、犬が人間社会の中で生きていくためには躾は必要。しかし、飼い主のエゴや一方的な感情を押しつけることとは全く別。特に小型犬などは、人が勝手にか弱い存在だと思って過保護になりがち。けれど、人間が思うよりも犬は精神的にも体力的にもタフな存在。

「過保護にすると他の犬とのコミュニケーションもうまくできなくなるので、ルールや道徳を教えながら、自然体で伸び伸びと育てて欲しい」と森永さん。

一方、猫の場合は、人間と対等な意識で自分の世界を持っているので、飼い主が間違っていたら無視したり拒絶するなどシンプルな反応をしがち。

「でも犬のような猫もいるし、犬でも猫のような子もいますから、その子の性格を理解してちゃんと受けとめてあげることが大事ですね。手作り食でも、本来、動物は自分の体が必要としている栄養素を知っているので、セッションでは生肉が食べたいとか、食事に関するリクエストも多いんです」。

ようは、対人間と同じように、第一に相手の気持ちを尊重すること。そのうえで、何がその子にとって一番良いのかを一緒に考えるのが良好なコミュニケーションの秘訣のよう。

人間側の思い込みで、かつてこんなケースもあったとか。

ある猫を保護していた人が「早く里親に出したい」という強い思いを抱いていたところ、その猫は「自分は必要のない存在なんだ」と思ってしまって荒れてしまった。そこで飼い主さんがその猫に心から詫びたところ、猫は安定し、その後、他の猫のめんどうをみるボス的存在になったそう。

また、ペットロスの場合、飼い主さんは自責の念や後悔を抱えていることが多い反面、実際には、亡くなった動物が飼い主さんに感謝の気持ちを伝えてくることが多く、前向きになってほしいと望んでいるそうです。動物達は家族のことを一番気にかけているのです。

「私の場合も、亡くなった愛犬が早く同じ種類のワンちゃんを飼うようにと勧めてくれました。インコ、ハムスター、フェレット、ウサギ、カメなど、人間に飼われている動物達は常に飼い主さんにメッセージを送っています。動物達の健康や幸せを望むのなら、まず飼い主さん自身が健康で幸せになること。彼らは何よりもそれを望んでいるんです」（森永さん）

飼い主にとって心の写し鏡である、かけがえのない同伴動物達。彼らと真摯に向き合うことは、ホリスティックな生き方にも通じるようです。

人間に優るとも劣らない動物の霊性

他にも、動物病院でペット（同伴動物）の心の声を聴き取り、それを人間の言葉に変換して飼い主さんに伝える通訳的な役割を担っている獣医さんや、病気や不調の動物たちのために、副作用のない自然療法を用いて治療に当たっている、動物の専門家や医療従事者たちもいます。

あるいはまた、虐待などで心に傷を負った子どもや、高度自閉症、アスペルガー症候群などメンタル面に問題を抱えた子どもたちに対して、動物介在療法や植物介在療法、環境セラピーを用いて治療に当たっている人たちも増えており、かくのごとく、動物たちの愛は現代人にとって必要不可欠なものになっているのです。

ある女性の獣医さんは、こんなふうに語ってくれました。

「動物たちは、人間同士ではなかなか開ききれない心の扉を開いてくれます。人と人の間に彼らがいてくれることで、私たちは彼らから生きることについて諭され、魂と一つになれるチャンスをもらっているんじゃないでしょうか。今の時代はそのような人と動物とのコミュニケーションが本当に必要だと思います」と。

このクリニックでは、西洋医学のほかに、鍼灸、ホメオパシー、フラワーエッセンスなどの代替医療を取り入れ、ホリスティックな視点から、飼い主とともにそのペットにあった治療法をチョイスしていますが、このような動物にも優しい医療が提供されることによって、ギスギスした人間社会の中に同伴動物たちの純度100％の愛がより広く浸透していくことでしょう。

このように、アニマルコミュニケーターや動物の心が読み取れるサイキックの体験談などを聞くにつけ、飼い主のためには自己犠牲も厭わない動物たちの崇高な霊性（霊格）を強く感じます。

昔の古いタイプの霊能者などは、動物の霊格は人間よりも低いと見なし、トラブルの原因を「動物霊」などと決めつけることも少なくありませんでした。

ところが今、動物の魂と直接対話できる人たちが増え、彼らの証言によると、同伴動物たちはその愛の深さにおいて人間に劣らないばかりか、むしろ愛情欠乏症候群にかかっている現代人にとって手本とさえいえることがわかってきています。

彼らもまた、輪廻《りんね》の中で、縁という磁石の力によって飼い主と互いに引き合い、魂の再会を果たしているのです。

現に、実話に基づくペットと飼い主の感動的な体験談を描いたコミック本も多数出版されていて、そこには涙なしでは読めない物語やエピソードがたくさん出てきます。

親を選んで生まれてくる子どもたちの魂と同じように、同伴動物は引き寄せられるように縁の深い人間のもとにやってきて、飼い主が気づいていない問題や訴えたいメッセージを原因不明の病や問題行動として表していることがとても多いのです。

自ら痛みを伴い、時には死をもいとわず、何とか飼い主に気づいてもらおうとして……。家族としての動物たちは、そのように「愛とは何か?」「ゆるぎない魂の絆とは何か?」を身をもって私たち人間に教え諭すために、種の壁を超えてやってきてくれている。

そんな彼らの愛や霊性を知れば知るほど、決して人間（飼い主）のエゴで接したり、自分勝手な買い方をしてはいけないということがよくわかるはずです。

アニマルコミュニケーターやアニマルセラピーなどの取材を通して、僕が学んだこと。

それは、動物たちはあえて人間の家族に加わることによって、身を挺して愛の力を私たちに教えてくれているということ。そしてそれは、人間同士であっても、彼らと同じように純度100%の愛の交歓ができるということを、私たちに再認識させてくれているのだと思います。

治癒力を活性化し、生命エネルギーの流れを促すホメオパシー

動物に限らず、植物や鉱物たちも愛にあふれた存在であることは、スピリチュアルな世界ではよく知られています。なぜなら、彼らもまた微細なエネルギーを介して私たちと繋がりあっていて、常に愛を交歓しあっているから。

この植物や鉱物が持つ愛のエネルギー（情報）を、私たちの心身の癒やしに用いる方法が、自然療法と呼ばれるものです。

自然療法にはさまざまなものがありますが、比較的よく知られているのは、植物療法や宝石療法、ホメオパシーなどです。

主な植物療法としては、アロマセラピーやハーブ療法などで、これらは薬効を含む植物の多様な力を活かして心身のバランスを整えるものですが、フラワーレメディやフラワーエッセンスと呼ばれる花のエネルギーを用いる花療法も植物療法に含まれます。

宝石療法は、各種の貴石を使ってそれぞれ対応する症状などに、石特有のエネルギー（周波数）を当てる方法で、水晶を用いるクリスタルヒーリングなども同様なセラピーです。

僕は取材を通してこうした自然療法を知り、自分でも体験し、さまざまな気づきや学びを得てきました。

特に、離婚後、うつになったときにはアロマに助けられました。エッセンシャルオイル（精油）を何種類か揃え、毎日その日の体調や気分で好きな香りを選んで吸引したり、腕のいいアロマセラピストに月1回のペースで全身トリートメントを受けることによって、心身ともに癒やされ、徐々にエネルギーを取り戻すことができたのです。

その間、何人かのセラピストにかかりましたが、やはり決めては愛！

深い思いやりと寄り添う姿勢があるセラピストほど、スキルを超えた効果、すなわち植物の愛とのシナジー効果が生まれて、心や細胞に染み入るような心地よさを与えてくれる――うつになったことで、そんなことも体験的に理解できました。

うつになってみて、アロマの効果がより身に染みてわかるようになったのですが、その前から折りに触れて使っていた、お気に入りの石やホメオパシー、フラワーエッセンスなども、僕にとってケアチームとして働いてくれていたのは間違いないと思います。

ホメオパシーとは、私たちの身体を取り巻く微細な生体エネルギーに働きかけるもので、よく東洋医学の鍼灸や漢方と似ていると言われます。そのわけは、レメディと呼ばれる砂糖玉を舌下に入れて摂取することで、本人の自然治癒力や生命力を活性化して、エネルギー（気）の流れを促す働きがあるからです。

ホメオパシーの語源は、Homoios（同種）とPatheia（病気）を意味する造語で、「同種療法」

と呼ばれます。

これは今から200年以上も前にドイツ人医師、サミュエル・ハーネマンがその生涯をかけて確立したもう一つの医学で、ハーネマンは「症状を起こさせるもの（毒）は、その症状をとりさるもの（薬）となる」という同種の法則を発見。人体に有害な毒性物質でも、それを天文学的に希釈し、ある一定の振動を加える（震盪《しんとう》）ことで、元の毒性が引き起こす心身への症状を逆に改善する働きをもつ、ということを突き止めました。

そこで、ホメオパス（ホメオパシーを専門的に処方する施術者）は、相談者の心や身体の不調やトラブルに応じて、希釈と震盪によって物質の成分が検出できないレベルにまで薄められた、レメディと呼ばれる自然薬を用います。

レメディは砂糖玉もしくは液体状のもので、元物質の希釈率は最高で10のマイナス200万乗という想像を絶するもので、化学的な成分は含まれていなくても「情報」が記憶されていると考えられており、その種類は現在3，000種を超え、希釈基準（ポーテンシー）は症状と原因に応じて使い分けられます。

ホメオパシーの最もユニークな点は、レメディーが自然界のエネルギーからつくられているため、あらゆる医療者や療法士が使えるところです。薬物ではないので、通常の治療と併用でき、副作用もありません。

そのため、古くから英国をはじめ、インドや欧米など世界各国でたいへん有効な自然療法の一つとして、医師やホメオパスが多くの人の治療やケアにホメオパシーを用いています。

花の精霊からのギフト、フラワーエッセンスで感情が解放された

化学成分が含まれていないのに、なぜ心身を癒やす効果があるのか?

現代科学では今のところ、そのメカニズムは明らかにはなっていません。「元物質の「情報」が水に記憶され、それが自然治癒力を高める呼び水となっていると考えられていて、僕はおそらくその情報の核にあるのが、自然界の愛のエネルギーではないかと思います。

つまり、動物・鉱物・植物などの愛のエッセンスが一粒の砂糖玉に封じ込められている。ホメオパシーのレメディを取り続けていると、時に自然治癒力の発動によって昔の古傷が動くことがあります。

僕もレメディを飲んでいた時期に、それが起こりました。10代の頃、足裏にガラスの破片が入ってしまい、そのままの状態でやり過ごしていたのが、30歳以降に飲み始めたレメディの効果でその古傷がうずいて、その結果、膿とともに何と足の甲からガラスの破片が飛び出てきてビックリしたことがありました。

もちろん、感情面でも変化があったことから、ホメオパシーの効果を実感したのですが、これはフラワーエッセンス（フラワーレメディ）においても同様です。

フラワーエッセンスを最初に開発したのは、１９３０年代の英国の医師で、ホメオパスでもあったエドワード・バッチ博士です。

バッチフラワー（レメディ）は38種類あって、主に心理的な癒やしのために用いられ、その後、世界的に研究が進んだことから、現在はさまざまな問題に対応する多種多様なフラワーエッセンスが生まれています。

フラワーエッセンスがホメオパシーと異なるのは、鉱物や動物ではなく、花だけのエッセンス（情報水）を用いている点ですが、ホメオパシーと同様に花のエッセンスにもそれぞれの花が持つ精妙なエネルギーとそれを司る精霊の力が宿っていると考えられます。

そんな精霊たち（ディーバ）の協力のもとでつくられるフラワーエッセンスは、まさに自然界からの愛のギフト。その意味で、愛とは、動物、鉱物、植物すべてに共通して宿っている「神の遺伝子」と言えるかもしれません。

僕がフラワーエッセンスの効果を目の当たりにしたのは、結婚していた頃のことです。

当時の奥さんが、それまではアトピー体質で花粉もアレルゲン、そして感情を表に出すことが苦手だったのが、フラワーエッセンスを愛飲するようになってから花粉に反応しなくなり、自然に感情表現ができるようになるなど、体質やメンタル面が改善していったのです。フラワーエッセンスに出会う直前、道ばたの花が自分に向かって微笑むように話しかけてきているようだと言っていた彼女の言葉が、今も印象に残っています。

おそらく、それまで好きな花を避けざるを得なかった彼女に、花の精霊がギフトを与えてくれたのでしょう。

花の愛で癒やされた彼女は、その後ホメオパシーと出会い、やがてプロのホメオパスとなって悩める人から健康相談を受ける仕事に就きました。

一方、その様子を傍で見ていた僕は、愛の力は連鎖することを何となく感じてはいたものの、それを自分の中でしっかりと受け取り、育むことができず、のちにうつになるまで愛の力を理解することができなかったのです。

スピリチュアリティとは愛の源泉かけ流し

自然界の精霊たちは、目に見えない愛の働きに私たちが気づくように、そして彼らと私たちの間で、また人間同士が愛を交歓し合えるように、常に働きかけてくれているようです。

それを物語るように、近年、木と対話をする人たちが増えています。中には、内観をした後心がスッキリして、突然木に話しかけられたという男性もいることなどから、自然界の精霊たちからの呼びかけに反応するか否かは、私たち人間側の心の持ちようにあると言えそうです。

前述したスコットランド北部にあるフィンドホーンの創立者たちによると、彼らに語りかけてきた自然霊たちの中で、最も多くのメッセージを伝えてきた存在は木の精霊たちだったそう。次の言葉は、そんな木の精霊からの愛のメッセージです（日本教文社刊『大地の天使たち』より）。

もっと近くに来て、私たちのぬくもりの中で休んでごらんなさい。私たちの奏でる密かな音色に気づいてごらんなさい。葉のざわめき、光る色彩り、太陽に輝く春のおだやかさを。すべては鳥たちや虫たちや、土や空気と繋がっています。大木は美であり、家族であり、冒険の国です。そして、たくさんの生きものの隠れ家となって、四方に腕を広げ、空高くそびえ、地中深く根を張り、しんぼう強く堂々と立っています。大木は、神の完全性を示す一つのシンボルなのです。大木をいつくしみ、育てましょう。そうすれば、あなた方はもっと神に近づくことでしょう。

ムラサキブナのディーバ

日本初の樹医（樹木医）である山野忠彦さん（故人）は、著書『木の声がきこえる』（講談社）の中で、さまざまな例を示しながら「木は人間の愛を待っている」ことを私たちに教えてくれています。

もちろん、木や植物に接する人たちだけでなく、多くの発酵職人さんや自然農法家たちも、生産パートナーとしての微生物や農作物にやさしく声をかけるなど、日々の暮らしの中で愛の交歓をしていることでしょう。

僕が取材をさせていただいた方々も、発酵食品や農産物などは「作り手の思いにちゃんと応えてくれる」と誰もが嬉しそうな表情で語っていました。

そんな微生物の驚異的な働きについて、とてもよく描写されているのが、白鳥哲監督の映画『蘇生』です。

この映画では、地球最古の生物である微生物の働きによって放射能問題が克服され得ることや、その意味で日本にはさまざまな環境問題の解決の糸口となる知恵と技術がすでにあることが紹介されており、それとともに微生物は人間の意識とも呼応しあっていて、その驚くべき力に地球蘇生への鍵が隠されていることを示唆しています。

異なる種、異なる生物間でもコミュニケーションが成り立つということは、当然ながら言語を超えた通信手段があるということで、その最も中核にあるのが愛なのではないでしょうか。僕は動植物や微生物をこよなく愛する人たちの取材を通して、それを学ばせていただきました。

愛は、すべての違いを超えて、すべての生き物、存在の中に宿っている共通コードであり、見えない神の遺伝子である、ということを。

だとしたら、私たちの中にも純度100％の愛の源泉があり、神の遺伝子をオンにさえすれば、そのエネルギーを思う存分惜しみなく発揮することができるはず。

無限の愛は、温泉の源泉にも似ていて、自分の足下を地下深く掘り進めれば、その源泉から湧き出てくる温泉のように、愛もまた魂という源泉から沸き起こってくるもの。

その意味で、スピリチュアリティとは、「愛の源泉かけ流し」ともいえるかもしれません。

そしてその源泉を、地上まで引き上げるための〝呼び水〟を与えてくれているのが、自然界の動植物や鉱物であり、微生物や精霊たち――僕はそんなふうに捉えています。

自然界の精霊たちは、現代人の閉鎖的な心や頑なな心を優しく溶かし、純度100％の愛を呼び覚ますために、私たちの乾いた心に愛の呼び水を与えてくれている。

ゆえに、彼らこそ奇跡の種をまいてくれているかけがえのない存在であり、私たちにとってのスピリチュアルガイドであるとも言えるでしょう。

自然界の精霊たちが私たちに教えてくれること――それは次のような言葉で言い表すこ

とができるでしょう。

どんなところでも、地下深く掘り進めば温泉が湧き出る。
源泉かけ流しのお湯なら、決して尽きることはない。
余分なものを混ぜることも、よそからお湯を引いてくる必要もない。
愛も、そんな地中の源泉と同じである。
自分で源泉を掘りさえすれば、そこから湧き出てくる純度100%の愛が上昇して、
まず自分自身を満たし、さらにとどまることなく周囲へとあふれ出す。
そうすると、出会った人の心の中までポカポカに温まる。
そんな素敵な愛の源泉が、みんなの心の中にある。

コラム　愛を育む　実践のヒント

親切は驚くほど身体に良い、愛は自分自身と人を生かす——その理由はオキシトシン。というわけで、ここでは、オキシトシンを分泌するための具体的な方法をいくつかご紹介したいと思います。

◎スキンシップ

親しい人や信頼できる人とハグやタッチングをすることで、オキシトシンが分泌されます。動物（ペット）との触れあいやアイコンタクトだけでもＯＫ。好きな相手やペットの目を見たり、家族だんらんの時間をつくる、気の合う仲間との会食や会話を楽しむ、スポーツやゲームなど一緒に何かをするだけで愛情ホルモンが発動します。

◎人に親切にする

人に親切にすることでもオキシトシンが分泌されることがわかっています。なので、ボランティア活動をしたり、人をほめたり、肩をもんだり、マッサージをしたりしてあげる、困っている人がいたら手をかしてあげるといいですね。親切な行動は共感を生み、行動のフィードバック・ループができて、愛と優しさの好循環が広がります。

◎心が喜ぶことをする

オキシトシンの分泌は感情など心の状態にも左右されるようです。好きな映画を観たり、本を読んで感動したり、ダンスをしたり、人のために祈る（利他的な祈り）ことなども効果的です。スキンシップし合える相手がいなくても、自分の意思や行動で増やすことができるので、「カワイイ」「素敵！」など心が喜ぶ、快を感じる行動を。

現代人の病

現代人の病とは？
愛情欠乏症候群

主な症状は？
自我の肥大化と無関心

原因は？
心の砂漠化

処方箋は？
心の緑化と愛情ホルモンの分泌

神の遺伝子

あるいくつかの遺伝子を組み合わせることによって
一度分化した細胞が　元の未分化な細胞に初期化される
受精卵の如く　あらゆる細胞・臓器へと分化する万能細胞へと

この還元原理は　創造の源から分化した人間にも適応される
すなわち　個々の魂は　元の未分化な次元にリセットされ得る
そのとき　過去の物語としてのカルマは消え去る

魂を初期化するものは何か？
それはあらゆる可能性を内包し　あらゆるものを生かしきる
愛という名の「神の遺伝子」に他ならない

Part 5

ハートのちから

この章のテーマは、「ハートのちから」です。

ハート（心臓）には脳を超えるすごい知性が備わっている——僕がそのことを知ったのは、海外のスピリチュアルリーダーたちがこぞって引用、紹介しているハートマス研究所（後述）がその情報源だと知ったのがきっかけでした。

ハートマス研究所の知見によると、心臓には全身に血液を送り出すポンプとしての働きだけでなく、精妙なエネルギーレベルの働きがあり、脳のMa×5000倍のエネルギーを放ちながら脳や細胞に指令を与えると同時に、現実を変えるパワーを持っていることがわかっています。

それを一言で表現すると、ハート（心臓）はマインド（脳）を遥かに超える、愛、洞察、知性の源泉であり、直感、意志、許し、感謝、信頼などハートに秘められたパワーと自分自身が繋がることで隠れた能力や強さが目覚め、最高の人生へと導かれる、ということです。

この見解を支持しているのは、『アルケミスト』の著者パウロ・コエーリョ、東西医学の融合をはかっているディーパック・チョプラ、『神との対話』のニール・ドナルド・ウォルシュ、ニールが「地球上に実存するマスター」と評したエックハルト・トール、米国で「20世紀で最も尊敬される人間の一人」と評されている黒人作家マヤ・アンジェロウ、『ザ・シークレット』に登場する賢者の一人マイケル・バナード・ベックウィス、『人生を変える「奇跡のコース」の教え』の著者マリアン・ウィルアムソン等々、いずれもスピの達人たち。

これからは、明らかに脳からハートの時代へ——僕はそう確信しています。

古代エジプト人は「心臓」の驚くべき秘密を知っていた⁉

「あなたの心はどこにありますか？」

そう聞かれたとすると、あなたは自分のどこを指さしますか？

多くの人は、無意識に胸のあたりを指すのではないでしょうか。

「心」や「わたし」という存在を指し示すとき、頭を指差す人はまずいないでしょう。

なぜ、心やわたしを示すポイントが心臓・ハートなのか？

それは、心臓・ハートには、その人自身の人生の記憶が保持されているから。

古代エジプト人も、どうやらそのことを知っていたふしがあります。それを物語るのがエジプトの『死者の書』で、この書は人が亡くなったときに霊界の道案内図として遺体と一緒に棺桶の中に入れられたという長い巻物です。

そこには、悪霊を追い払う呪文や、霊界の守護者である女神ハトホルに捧げる呪文などが書かれていて、最後に死者が審判にかけられる様子が詳しく記されているそうです。

「死者の心臓が天秤にかけられる」という、あの有名な話です。

『死者の書』の記述によると、天秤の右側には「死者の心臓」がのせられ、左側には「真実（マアト）の羽根」がのっている。そこで双方の重さを比べることによって、死者の魂がオシリスの治める楽園（天国）に入れるか、それともアメミットという魂を食べる怪物に食べられてしまうかが決まります。

死者が真実を語り、真実の羽根が動かなければ、ホルスによって永遠の命を授けられることが告げられ、オシリスの治める楽園（アルル）へと導かれます。

そこでもし、生前の罪によって心臓が羽根よりも重かった場合、その魂は幻獣に食べられてしまって楽園に行くことはできず、食べられた魂は二度と転生することはできません。

霊魂の不滅（輪廻転生）を信じていた古代エジプト人にとって、それは永遠の破滅を意味することから、心臓が天秤にかけられるのを恐れたわけですが、あの世の楽園に入れるか否かの判定基準は心臓に刻まれた人生の記憶、その中の罪の重さだったのです。

人生の中で自分が行ってきたカルマ（行為）のすべてを、心臓が記憶している。

もしかするとそれは、物質的な臓器としての機能を超えたエネルギーレベルでの働きなのかもしれません。

だとしたら、本人のカルマ（善行・悪行）やスピリチュアリティといったものも、エネルギーレベルでの「ハートの記憶（魂の遺伝子）」として保持されている可能性があります。

そう考えると、スピリチュアルな分野において、人体の7つのチャクラの内、心臓のハートチャクラが無条件の愛や感情、意思を司るエネルギーポイントとされてきたのも充分うなずけます。

ヨガやヒーリングの経験者なら、ハートのチャクラがどのような働きをしているかについてはある程度ご存知かもしれません。

第4チャクラとも呼ばれるハートチャクラは、ちょうど人体の中心部に位置していて、エネルギーを心臓から循環系、胸腺、迷走神経（脳から頚部を経由して内臓や小腸に達している神経）などに送る働きがあるとされ、免疫力や自律神経のバランス、愛や意思、コミュニケーションの働きなどに関連していると言われてきました。

そして、人はこのハートチャクラを介して愛の交歓を行っていて、このチャクラの機能を健全に保つには、愛と意思を調和的に働かせる必要があるとも言われます。

愛に対する恐れを抱いていたり、対人関係における心の傷、幼少期のトラウマなどのエネルギーブロックがある場合には、ハートチャクラを開くワークが効果的と言われてきたゆえんです。

自分の声を使ってハートを開くヴォイス・アルケミーとは？

ここで一例を挙げると、自分の声を使ってハートチャクラを開いていくという、とてもユニークなワークを行っているのが、シンガーソングライターでヴォイス・アルケミストの音妃《おとひめ》さんです。

音妃さんは、Kinki Kids の「フラワー」の作曲や、NHK番組「関口知宏のヨーロッパ鉄道の旅」テーマ曲の作詞作曲と歌を担当するなど、シンガーソングライターとして活躍されてきた一方で、2007年からは独自に開発した声のセラピーメソッド「ヴォイス・アルケミー」をベースに、倍音声による身体・ハート・意識の覚醒を目指すセッションやワークショップを各地で行っています（詳しくは小社刊『声の力が脳波を変える、全てが叶う！倍音セラピーCDブック　自分の声を出すワーク』を参照）。

音妃さんによると、リラックスした状態でハミングのように自由に声を発していくことで誰でも自然に豊かな波長の倍音声が出るようになり、それに伴って意識の変容や覚醒が起こりやすくなるとのこと。

僕自身の体験を述べれば、音妃さんが主催する倍音声を使ったワークに初めて参加したとき、インナーチャイルドの癒やしが起きました。

それまでいろんなセラピーやワークを受けていたこともあって、幼い頃の「傷ついた子ども（自分）」はもう充分解放されているだろうと思っていました。ところが、音妃さんのリードによって参加者全員で自由に声を出している内に、ふと寂しそうにうずくまっている幼い僕の姿が見えた気がしてハッとしました。

その小さな自分が遊びたがっているように感じた僕は、一緒に遊ぶような感覚で声を出し続けていたところ、彼が徐々に楽しそうな表情に変わってきて、身体が成長し、今の僕と溶け合うような感覚を覚えたのです。

そんな体験をしたのち、ある変化がありました。それまで年下の若い女性ばかりに目を奪われていたのが、大人の女性の魅力に惹かれるようになり、女性を見る視点が変わったのです。

そして、それ以降も仕事を通じて音妃さんとの交流を続ける中、あるとき、音妃さんのライブで最後に倍音声を出しながら自分が望むビジュアライゼーション（視覚化）をした際、思ってもみなかった家のビジョンが見えて、それから間もなくビジョンで見たとおりの家を手に入れることができたのです。

それまでは家を持とうなどとは思ってもみなかったので、何の蓄えも計画も立てておらず、ビジョンを見たときにも「自分の中に、そんな家に住みたいという願いがあるのかな」程度にしか捉えていませんでした。

ところが、それから間もなく何かに導かれるようにトントン拍子で話が進み、思わぬ形で家族の協力が得られて想定外の資金も調達でき、ビジョンを見た約3か月後にその家を購入することができたのです。

購入に先だって、「もしここに住まわせてもらえるなら、森を愛する人たちのサロン的な場にしたい」と願っていたら、購入後、実際にそうなっていったことから、ハートの願いは「I'm OK, you're OK」の世界をつくりだしてくれる、ということを体験的に気づかせてもらったように思います。

自我の「引き寄せ」を超える「ハートの願い」

ハートを開くことでいろんな幸運に恵まれたり、奇跡的な体験をしている人たちはたくさんいます。

聖なるハートのエネルギーは、自我の引き寄せを超えて、「I'm OK, you're OK」の世界を、そして「I'm happy when you're happy」の世界をもたらしてくれるからです。

頭の中の想念＝自我の望みが自分の小さな幸せを引き寄せるのに対して、ハートの思い＝真我の願いは、大いなる自他の幸せへと導いてくれるのです。

そんなハートの多次元的な働きについては、これまでほとんど知られていませんでした。

それが近年になって、アメリカのハートマス研究所（1991年設立）による科学的な調査・研究によって、心臓・ハートが持つ精妙なエネルギーレベルの働きが徐々に明らかになってきているのです。

同研究所の知見によると、心臓・ハートには、脳とは別の知性があることがわかっています。つまり、脳とは無関係に、「心臓脳」の神経回路によって独自に学習、記憶、決定が行われると同時に、とても繊細な感性や知覚能力が備わっていて、脳の知覚よりも素早く反応するセンサー機能があり、かつ高次元や外界と繋がるスピチュアリティの源泉でもあるのです。

また、心臓は脳から発せられる電磁波のMａｘ５０００倍ものエネルギー（電磁波）を出していて、脳や全身の細胞に指令を送っている一方で、数ｍも離れた他人や外界にも影響を及ぼしていることや、心臓が愛情ホルモン、オキシトシンを分泌することも確認されています。

スピリチュアルな観点からすると、とりわけ重要なのは、「ハートコヒーレンス」と呼ばれる心臓・ハートと脳の同期現象（同調・共振共鳴）です。

どういうことかというと、ハートと脳の振動が共鳴することによって、心拍のゆらぎが正常化し、心身のバランスが図られて潜在的な能力が開花するとともに、周囲の環境（磁場）に対してもポジティブな作用を及ぼすのです。

ようするに、人体をエネルギー体として見た場合、ハートが主で、脳はあくまで従。内なるハートの声（情報）を脳や細胞にしっかりと届けることで、自分の中に眠っていた潜在的な可能性やスピリチュアリティが開花しやすくなり、それとともに周囲の人たちの幸運の呼び水にもなるのです。

なぜなら、ハートは、トーラス構造になっている宇宙エネルギーの流れともリンクしている「魂の座」でもあるからです。

ということは、これまで直感・直観と言われてきたものは、実はハートからのシグナルともいえるわけです。

たとえ霊の姿が見えたり、霊の声が聞こえるといった霊感がなくても、ハートから発せられている魂の声を直感やイメージとして受け取っているとしたら、ハートこそがスピリチュアリティの源泉と言ってもいいでしょう。

ある霊能者は、「直感は霊感の一つで、誰もが持っているもの」、あるいはまた、「霊感よりも直感のほうが優れている」とする神秘主義者もいることから、直感を大事にしている人は、自分の魂の声を思考よりもいち早く受け取っているに違いありません。

この魂の声を脳にしっかり届けることが、ハートコヒーレンスです。

ハートと脳が同期すると、スピリットから発せられた、やむにやまれぬ思いやイメージが司令塔となって、脳や細胞に指示を与えると同時に、外界にもその光のエネルギーが放たれて、高次元のスピリチュアルな存在との共同創造がもたらされ、その結果より望ましい現実を創造することが可能になります。

これがスピリチュアルな視点から見た、魂の満足度を高める本当の幸せです。

欧米のスピリチュアルリーダーたちは、いち早くこの点に気づいてハートの大切さを説き、ハートの声に従う生き方を推奨しています。

ハートと脳を同調させれば愛と調和がもたらされる

ハートと脳を同調させるには、脳の働き、すなわち自我を制御するために、意識を沈めながら、ハートにチューニングしていきます。

ハートへの意識チューニングの基本は、いかに脳の雑音（ノイズ）を減らすかです。

慌ただしい日々の生活に追われていると、気が脳に昇ったままで、脳がフル回転しているので、意識の沈静化は難しくなります。

そこで、瞑想が好きな人は瞑想で、瞑想でなくても、入浴時や就寝前などに静かな空間で身体を緩め、深呼吸をくり返すことで意識が徐々に沈静化していきます。

その際、吐く息に意識を向けることによって、脳のノイズが軽減できます。

心身ともにリラックスしたら、ゆったりとした呼吸とともに「私のハートのサイン、メッセージを受け取ります」とただ意図する――これだけでOKです。

この状態がハートチューニングで、ラジオのチューニングと同じように、脳がハートの周波数に同期して、ハートからの情報をストレートにキャッチしやすくなるのです。

なので、ハートチューニングにとっては、一人で静かな空間に身を置くことがとても重要になってきます。

ハートが発しているメッセージは、はっきりと意識化できなくても、確実に意識の中に入り込んでいるので、ただそれを信頼しましょう。

では、ハートの声がしっかりと脳に届けられ、ハートコヒーレンス状態になるとどうなるのでしょうか？

エネルギー心臓学の第一人者で、医学者（精神神経免疫学者）のポール・ピアソール氏は、著書『心臓の暗号』（講談社刊）の中で脳と心臓の関係について次のように述べています。

脳は身体の保全のための反応システムであり、不測の事態に備えて身体との間で絶え間なくおしゃべりを続け、もともと静かに考えたり感じたりするシステムではない。

それに対して感受性の中枢である心臓は、微細な情報エネルギー（Lエネルギー）を全細胞に発信し、全細胞はそれを細胞記憶として保存する。それは脳とは異なる記憶システムである。

心臓エネルギーの情報は体内だけではなく、皮膚の外に出て他の人達や宇宙にまで達する。心臓からの暗号は、他人への共感、いたわり、虫の知らせ、魂のささやき、などさまざまな形をとる。脳の暴力で弱まっていた細胞の記憶をよみがえらせ、心臓の暗号の波長に合わせれば免疫力も高まり癒しも起こる。

さらに、ハートマス研究所の知見に基づくと、こうも言われています。

心臓エネルギーには「1対9」の法則がある。それは、心臓がもともと持っている知性に意識を集中し、エネルギー活動を行えば、それは9倍になって自分自身や世界に戻ってくる。心臓のエネルギー活動はとても活発で、あらゆるシステムが持つ健全なエネルギーを集め、増幅する力がある

ハートコヒーレンスで自分もまわりもハッピーに！

ハートマス研究所やポール・ピアソール氏など知見に基づいて、心臓と脳が共振するハートコヒーレンスによる効果を僕なりの言葉でまとめるとこうなります。

◎頭よりも心で感じることや直感を優先するようになり、「ほんとの自分」に正直になるとともに相手に対する共感力が高まるので、無理強いをすることなく、問題を平和的に解決しやすくなる。

◎心臓と他のすべての臓器、そして脳がハーモナイズされて免疫力がアップし、心身のバランス状態が保たれるとともに、不安やフラストレーションを感じている人が傍にいても影響を受けることなく、その人も落ち着きを取り戻していく。

◎自分の思い込みや独善的な価値観（自我）で人をジャッジしたり、誰かをコントロールするのではなく、相手を尊重し、愛と調和に基づくコミュニケーションが図りやすくなる。

このように、ハートコヒーレンスは、自分にとっても周囲の人にとってもハッピーな状態をもたらし、たとえ困難な状況に陥っても必ず道が開けて、ミラクル（奇跡）が起きやすくなるのです。

なぜなら、ハートは魂の座であり、ハートの情報が脳に転写されることで見えない世界やスピリチュアルな存在とも共鳴して、生命エネルギーがよりパワーアップするからです。

しかも、人はピンチになればなるほどハートのスイッチが１００％オンになりやすく、そこで脳からの指令ではなく、素直にハートの声に従うことがピンチをチャンスに転換する秘訣です。

生命エネルギーの光の回路がフルオープンになることで、念力を遥かに超える５次元エネルギーが注入され、高次元存在のサポートも得やすくなるということです。

わかりやすく言えば、自我の引き寄せが個人的な自己満足に留まるのに対して、ハートの望みは宇宙の望み、ゆえに幸せの連鎖とミラクルを呼ぶ、ということです。

これは、自我欲求を超えた自己超越のレベルに至る可能性を示唆していて、僕はこのハートコヒーレンス状態がスピリチュアルな扉を開く鍵だと思っています。

ハートマス研究所では、ハートコヒーレンス状態での日常生活や、私たちの行動がどのように周囲の環境や地球の磁場などに影響を与えているかについても研究を行っています。

その活動の一貫が、「グローバル・コヒーレンス・プロジェクト」と呼ばれるもので、中核となっているのはハートマスの一部門であるGlobal Coherence Initiative（ＧＣＩ）。

ＧＣＩは「人間の心臓を活性化し、平和や調和を促進させ、グローバル意識として変化を促す国際的な取り組みを行っている団体」です。

簡単に説明するとこういうことです。

一人ひとりのハート意識が世界を変える！

これまでの研究によって、私たちの健康状態は太陽活動や地球の磁場の影響を受けていることはよく知られています。

そして、ＧＣＩの仮説では、太陽や地球の磁場と私たちの心の状態（集合意識）や生活システムも密接に関連し合い、生物学的、電磁気的なフィールドを介して互いにコミュニケーションをとっているというもの。

そこで、世界各国のグローバルネットワークに設置されたセンサーから得られた科学的なデータを収集、分析することで、この仮説を立証しようというわけです。

この仮説が正しければ、ハートコヒーレンスによる私たちの意識進化によってこの世界を物理的に転換し、地球上に平和をもたらすことも可能になるわけで、まさにそれこそがグローバル・コヒーレンス・プロジェクトの目的でもあるのです。

ＧＣＩでは、そのためにアンバサダー（大使）になる人を求めており、「かつてなく拡大している新たなハート中心軸に変わりつつある世界のハートの知性を導きましょう」と呼びかけています。

これは、一人ひとりの日々の行動の中にハートコヒーレンスを取り入れることによって、共同で平和な社会を創造することを意図していて、まさにハートを軸にした意識のパラダイムシフトとも言えるでしょう。

一人ひとりのハート意識が世界を変える！

このようなハートの重要性については、「ザ・パワー・オブ・ザ・ハート」（ＤＶＤ／アウルズ・エージェンシー）の中でもさまざまな事例とともに紹介されており、同じタイトルの翻訳本も出ています。

これまでは、自我を中心とする脳の時代でした。

それゆえハートが軽視されてきたために、自我のネガティブな面、すなわちエゴが暴走し、その結果、物質至上主義や金融資本主義が蔓延し、持続不可能な環境破壊と飽くなき大量消費社会が招いたさまざまな危機に地球人類全体が直面してしまったわけです。

中でも最も深刻なのが、精神的な飢餓状態、内なるスピリチュアリティの欠乏感です。

今、宗教宗派を超えた根源的なスピリチュアリティが求められているのは、まさにハートの切なる願いでもあるのでしょう。

ハートは5次元（あの世）と3次元（この世）を繋ぐ光のパイプです。

スピリチュアルガイド、自然霊や地球外の多次元存在たちとの通信回路も、ハート。

脳（自我）を中心とする時代からハート（真我）中心の時代への転換――それは、地に足の着いたスピリチュアルな生き方ともリンクします。

なぜなら、不安や怖れを制御し、愛と叡智を届けてくれるハートの扉が誰の前にも平等に開かれるとともに、それによって最もシンプルな形での魂との対話が可能になるからです。

最高・最善・最適な現実をもたらすハートのちから

ハートのスピリチュアルな働きを知るにつけ、僕は自分の心臓の音、心音を聴くことを習慣にするようになりました。

深呼吸しながらハートに手を当てたり、時に聴診器を当てて心音を聴きながら、ハートが今、脳や細胞に何を伝えたがっているか、そのサインやメッセージを受け取れるように意識を集中させるのです。

そうすると、直観やイメージの形で、あるいは現実的な現象となって、思わぬ形でハートンのサインやメッセージを受け取ることができ、想念による引き寄せ以上のすばらしい効果がもたらされることがわかりました。

たとえば、トンボや鳥たちと対話をしたり(「はじめに」参照)、何も計画していなかったのに理想の家が買えたり、悩みを抱えた人がやってきて魂の対話をしているだけで本人が自分で問題を解決していったり、絶妙なタイミングで自分を高めてくれる人たちと出会ったり、長年わだかまりのあった親との関係が改善したり、常に経済的にどん底状態にあっても、必ずどこからかいろんな形でサポートが入って生活が支えられたり、原因不明の不調(血痰や血便など)があって何もケアしなくても、いつの間にか改善していたり……。

出版関連(企画編集やライティングなど)の仕事に関しても、おかげさまで、やりたいテーマでの具現化や会いたい人物への取材が次々と叶えられています。いわば、残高ゼロでもハッピーライフをエンジョイできていて、少なくとも魂は充分に満足している幸せな状態が続いています。

なぜそのようなことが起きるのか?

まさにそれこそがハートコヒーレンスの効果で、僕はそれをこう解釈しています。

ハートは、中丹田と呼ばれる霊性を含む生体エネルギーの「統合センター」として、下丹田の「個としての意図」と、上丹田（松果体）の「5次元からの情報」を結び合わせ、脳と全細胞に司令を出すと同時に、外界にその光のエネルギーを放つことによって、本人と周囲にとって最高・最善・最適な現実をもたらしてくれている。

5次元からの情報とは、高次元、神霊界、天使、自然霊、スピリチュアルガイド、ハイアーセルフ等々、見えない世界のサポーターからのサインやメッセージ。

5次元界のサポーターたちの純度100％の愛と叡智、そして宇宙・自然のリズムと共鳴することによって、自他ともに最適なシンクロニシティという道が開かれる……。

これが「ハートのちから」です。

ハートコヒーレンスは、個の望みと宇宙の望みをシンクロ（同期）させることでもあります。なので、個人レベルの引き寄せを超えて、毎日のようにシンクロニシティが起きて、多次元コミュニケーションも可能になるのです。

シンクロニシティは、たまにしか起きないから意味があると思われていますが、そうではありません。

宇宙や自然界は、すべてが最高・最善・最適な循環サイクルで動いており、シンクロニシティが常態であることから、本来、私たちもその波の中にいるので、自我（エゴ）ではなくハートを中心軸にしていれば、毎日シンクロが起きるのが当たり前。

だとすると、このハートの構造と機能は、前述した深海とよく似ていることがわかります。

私たちのハートは、海の表面ではなく、海底の生態系システムに似ています。

深海は、海底200m以下の海の95%を占めていて、「高圧」、「低温」、「暗黒」の特徴を持ち、地上の光による光合成生態系とは異なる化学合成生態系から成り、電波ではなく、音波による通信・コミュニケーションを行っています。

この深海の生態系をハートにたとえると、深海（ハート）の最下層にあるのがスピリット・魂、さらにその下にある海底火山活断層があの世、すなわち霊界や5次元に当たります。

つまり、海底火山のマグマ∧霊的エネルギー∨が∧噴火∨個々のスピリットやハートに分化して、海洋の生態系∧潜在意識の世界∨をつくりだしているのです。

私たちの本質は5次元のエネルギー

ハートのスピリチュアルな働きは、あの世（5次元）とこの世（3次元）の境界領域に及んでいて、エネルギーレベルにおいては「高圧」「深淵」「量子真空」の特徴を持ち、電磁波や音波だけではなく、4次元時空の制限を受けない霊的エネルギーによるコミュニケーションを行っていて、ゆえにテレパシックな交信はハートを介して行われると考えられます。スピリットが肉体に宿っているとき、つまり生きているときには、ハートが霊性や生命エネルギーの統合センターとして機能していて、肉体のコントロールセンターである脳とシンクロナイズしたときに覚醒した意識が芽生える――僕はそんなふうに捉えています。

僕が「深海意識」と呼んでいるのは、このようにハートと脳がシンクロしている状態です。深海の下にある、ものすごいエネルギーを蓄えたマグマを噴出している海底火山帯が、あの世と呼ばれる5次元世界。だから、私たちの本質は5次元のエネルギー。

その5次元情報（霊的な光）をキャッチしたり、交信したりするアンテナが「スピリチュアリティ」で、高次元のエネルギーを螺旋《らせん》状に3次元に降ろすパイプが「ハート（心臓）」、そのハートで得た情報を3次元上で処理するＣＰＵ（コンピュータの中枢）が「脳」に当たります。ようするに、ハートは見えない5次元情報を、3次元に変調して可視化するトランスミッターでもあるわけです。

ここで言う5次元情報とは、「真我（大我）」「本来の自己」「アートマン」「ハイアーセルフ」「神性」「仏性」「直感（観）」「暗黙知」「宇宙の叡智」などと呼ばれるような、内なるスピリチュアリティのことで、この誰もが持って生まれたスピリチュアリティのことを、「神の遺伝子」と呼ぶこともできるかもしれません。

万物の創造の源を神と呼ぶなら、すべての人の中に神の分霊、神の遺伝子が備わっていて、それをスピリチュアリティを捉えるとスッキリするからです。

いずれにしても、私たちの本体であるスピリットから見たらハートが主で、脳は従の関係。

そして、やむにやまれぬ思いや愛に基づく無私の祈りなどのハート固有の振動と、自我や自意識などの揺れ動く脳の振動が同期した状態がハートコヒーレンスであり、この状態をキープし続けることが地に足の着いたスピリチュアルな生き方に繋がるのだと思います。

ハートコヒーレンスが「意識圧」を高める

ハートコヒーレンスによる深海意識とは、どのようなものか？

それは、意識の圧が高い、つまり高圧の意識状態です。

フリーエネルギー研究家の飯島秀行さん（故人）は、「意識圧」という言葉を使っていましたが、飯島さんによると、気、エネルギーは圧力が低いほうから高いほうに流れるそうです。

たとえば、なぜ海の水が腐らないのかというと、海水を取り囲む大気圧よりも、海全体の海水圧のほうが圧が高いために、大気中の空気を吸引して、常に海水に空気を引き込んでいるから海の水は腐敗しない、というわけです。

これは、空間（真空）にある無限のフリーエネルギーを取り込む原理（吸引システム）で、人間の意識にも当てはまる法則なのでしょう。

真空のフリーエネルギーが愛と調和のエネルギーであるとすれば、意識圧の高い人ほどピュアで宇宙や自然と共鳴しやすく、そのため本人や周囲にとって最高・最善・最適な現実をもたらすのではないかと考えられます。

つまり、意識圧の低い人よりも意識圧の高い人のほうが宇宙のエネルギーを吸引でき、それゆえ生命力や気力がみなぎっている、ということです。

そして、ハートを開けば開くほど吸引システムが発動し、意識圧が高まってエネルギーも高まる。無邪気な子どもほどエネルギーが高く、生命力にあふれていて、歳を取っても子どもらしさを失っていないお年寄りがいつまでも元気なのはそのためでしょう。

それに対して、頭ばかり使ってハートの声を聴かず、自分の利益だけ考えてのほほんと生きていると、意識圧が下がっていく。そうするとエネルギーが枯渇するため、酸化（老化）現象が進んで心身ともに老け込んだり、思わぬトラブルに見舞われたりするのではないでしょうか。

では、意識圧はどうすれば高まるのか？

この点に関して、飯島さんは詳細には語っていなかったようですが、「真空の周波数と同調する」ことがポイントのようです。

つまり、5次元世界と響き合う状態に身を置くことが、意識圧を高めることに繋がるわけですが、「5次元と響き合う状態に身を置く」というのは、エゴを中心とした3次元世界においては、ある意味、身体的・精神的に負荷（高圧）がかかった状態とも言えます。

わかりやすく言えば、苦労を強いられる状態。あるいは、意識を集中して、一所懸命に生き抜いていくことです。

それがどんな苦労であっても、自分にとって困難な課題と直面し、そこから逃げずに真正面から向き合うからこそ精神力が鍛えられて器が広がり、潜在能力も開きやすくなって、神の遺伝子もオンになりやすい。「置かれた場所で咲く」ことの意味もそこにあって、ようするに、意識圧の高さとスピリチュアリティの開花は比例関係にある、ということです。

これは、古神道でいう魂振り《たまふり》（振り魂）のようなもので、身体に特定の振動を与えることで魂の覚醒を促す行法と同じように、人生の中で堪え忍ぶことにも意味があり、しんどくてもその壁を乗り越えたり、衝撃的な体験によって魂の覚醒が促されることがあるということです。

仏陀が、荒行や瞑想三昧の果てに肉体的な限界を超え、死と直面したあとに悟りを得たり、また現代のスピリチュアルリーダーたちの多くが、自殺未遂や瀕死の状態で覚醒した体験を得ているのも、それと同じ理由によるのではないかと思います。

つまり、死ぬほどつらい体験をしたり、死と直面することによって、意識圧が高まって5次元世界と共振し、スピリチュアルな扉が開きやすくなるということです。

今、UFOを目撃したり、臨死体験をしたり、神秘体験をしたり、あるいは自然災害などで急死に一生を得たりして価値観が一変し、見えない世界に関心を持つ人たちがとても増えているのも、もしかしたら地球人類が5次元と響き合いやすい状態に置かれているからかもしれません。

魂が望むことを命がけでやることで意識圧が高まる

いずれにしても、仏陀やイエスなどの優れたスピリチュアル・リーダーたちが語る言葉が人々の心に深い感動を与え、時代を経ても色あせることがないのは、決して安穏とは言えない厳しい人生を経て、意識圧が高まった結果に違いありません。

意識圧は、困難な状況や厳しい体験を経てこそ高まる。片や、楽な道だけを行こうとすると意識は減圧していく。

人生において幾多の山や谷を乗り越えてきた人ほど、ほんとの自分（本質）に正直になって、周囲の人たちに対しても、一時的な感心ではなく、長く心に残る感動を与えられる。

3度も死んで生き返った木内鶴彦さんの言葉を借りれば、だからこそ人は、「苦労を楽しむために生きている」のでしょう。

だとしたら、今、私たちに求められているのは、今、目の前にある困難なプロセスを味わう中で意識圧を高めていくことなのかもしれません。

もちろん、ただ苦労をすればいいというわけではなくて、「ほんとの自分」に正直になって、魂が望むことを命がけでやってみるということです。

苦労というのは、自我がそう捉えているだけで、魂から見たら、ただそうしたいからそうするだけのこと。

それが他者の目には死にものぐるいに見えるわけですが、魂が望むことに100%全身全霊で打ち込んでいれば、本人にとってはいつ死んでも悔いはないでしょう。

魂が望むことを命がけでやることが意識圧を高め、スピリチュアリティを開花することに繋がるとしたら、そのために、いかにこの世においてハートと脳の乖離《かいり》を埋めながら自己実現、自己超越を果たしていくかが問われます。

どんな聖者や偉人であっても、その人生において必ず困難なプロセスを経ているのはそのためで、そこには、肉体を維持するための自我と、魂の望みを実現しようとするハートとの葛藤があるのです。

いわば、3次元のエゴと5次元の愛と綱引き状態。その中で、日々自分の中でどのように折りあいをつけるかが、この世の課題とも言えるでしょう。

決してすべてが自分の思どおりにはならないこの世に生まれてきた意味も、そこにこそあるのです。

アセンションとは恐れと不安を手放し、オープンハートで生きること

なぜ、今、ハートのスピリチュアルな働きが明らかになってきたのか？

それは時代の要請です。

つまり、昔から言われてきた愛や感情の中枢としてのハートの働きが、科学的に証明されつつあって、これは宗教と科学の一つの融合の形であり、私たち人類の意識進化を促す宇宙の働きでもあるのでしょう。

これまでは、脳にフォーカスする時代、脳の機能を最大限に使う時代でした。

もちろん、ハートと脳をバランスよく使ってきた人もいたでしょうが、男性優位のピラミッド社会の中で、また唯物的な価値観が支配的な時代には、どうしてもハートよりも脳

が優先され、そのためエゴの肥大化が放置されてきたのは間違いないでしょう。

そして、生物としての人間らしさ、五感や第六感が鈍ってしまったのも、現代人が「モノ化」する方向に突き進んできたからで、その結果がＡＩにシンボライズされているようにも見えます。

人や生物をモノや機械のように捉える考え方、これを唯物論、要素還元主義などと呼びますが、そのような硬直した思考や価値観に則った生き方が、地球環境の悪化とともに「愛情欠乏症候群」とでも呼べるような今の痛ましい状況をもたらしてしまったのではないかと思います。

しかし、宇宙の法則に従うならば、陰極まりて陽に転ず。

もし、私たちがこの宇宙の波に乗るならば、これからは確実に、唯物論からスピリチュアリティをベースとした生命観へ、脳からハートの時代へと転換していくに違いありません。

ハートの時代とは、「ほんとの自分」に正直に生き、地に足の着いたスピリチュアルな生き方が当たり前になる時代で、それはイコール人類の意識進化とも言えるでしょう。

こう言うと、スピリチュアルな情報に精通している人の中には、「アセンション」という言葉を連想する人もいるかもしれません。

精神世界では、かつてアセンションという言葉が話題を集めたことがありました。

とりわけ騒がれたのが、2012年の冬至、マヤ暦の中の太陽暦が終わることの解釈をめぐって、いよいよ「地球がアセンションする」「次元が上昇して人類が変容する」といった発言をする人たちが増えて、2013年以降にバラ色の世界が訪れることが期待されていたのです。

しかし、現実社会においては、大きな変化は何も起きませんでした。

それでも、エネルギー的に見れば「すでにアセンションは起きた」と言う人もいたり、今もなおアセンションは一部の人たちにとっては密かな話題になっているようです。

もし、アセンションの意味を「人類の意識の次元が上昇すること」と捉えるなら、僕は、私たちのハートが主体になること、すなわち自我の恐れと不安を手放して、オープン・ハートで生きることだと思います。

2012年の冬至に先だって、2010年に『やさしくわかるアセンションナビブック』（マイコミ刊）という本の企画・編集に携わったことがあったのですが、改めてその本を読み返すと、ハートという言葉こそ使っていないものの、同じような意味合いのことを書いていて、今思えばこれも僕の内なるハートの声だったのかなと感じます。

そこで、本章の締めくくりとして、そのときに書いた文章をそのまま掲載させていただきます。

一人ひとりの意識が起こすアセンション

日本でも、ニューエイジの影響を受けつつ、1980年頃から精神世界ブームがおこりました。そのエッセンスは、願望達成や自己実現などのスキルとしてビジネスの世界にも浸透し、いまのスピリチュアル・ブームにも引き継がれています。

ニューエイジや精神世界の潮流が一過性のブームで終わらなかったのは、多くの人々が物質文明の行き詰まりに対して、新たな価値観の創造やパラダイムの転換を図る必要性を感じているからにほかなりません。

もっと見えない世界にも目を向けて、「私が、私が」という自我（エ）意識（ゴ）から、すべてが繋がっている「私たち」というより高次（ワ）の（ン）意識（ネス）へと人類が進化を遂げなければ、いまの地球の危機は乗りこえられない。そんな思いが20世紀末にかけて高まりをみせ、21世紀に入ったいまもなお人々の無意識のなかでマグマのように渦巻いているかのようです。

とりわけ、スピリチュアルな世界に目を向けている人たちは、既存の宗教宗派を超えた「内なる神」や「仏性」に希望の光を見出そうとしています。なかにはまだ依存的な段階にとどまっている人もいるようですが、内的な覚醒やカルマの解消など、自分自身のテーマに真しに取り組んでいる人たちが増えていて、真のスピリチュアル・リーダーたちも、彼らの精神的な自立と霊的覚醒を促すためのヒントを提供しているにすぎません。

意識進化を遂げて次なる段階へ、調和された理想社会へ、霊的に覚醒した世界へ、そして光の次元に移行するという「アセンション」(次元上昇)。もしかしたら、それは人類の集合的な無意識、内なる神から発せられているメッセージなのかもしれません。

あるいは、人類がつくりだした物質文明の弊害が母なる地球を苦しめ、地球上のあらゆるいのちの存続まで危うくしているいま、その存続の鍵を握っている人類の気づきと意識変容を促すために、母なる地球がさまざまなサインを送ってくれているようにも見えます。

いずれにしても、見えない〝何か〟が、私たちの意識の変革、覚醒を促しているのは確かなようです。

たとえ一人ひとりの意識の力は小さくとも、その意識が共鳴することで、時代を大きく変えるパワーとなります。フランス革命やロシア革命、日本の明治維新などはそれを如実に物語っています。

その意味で、地球や人類にとって本当に望ましいアセンションがおきるかどうかは、私たち一人ひとりの意識と選択にかかっているといえるでしょう。

あなたの意識が地球を変える

最後に、スピリチュアルな観点とは少し異なる立場から、２０１２年に関するアーヴィン・ラズロ博士の見解をご紹介しておきましょう。

ラズロ博士は、ピアニスト、哲学者、未来学者であり、ニューヨーク州立大学教授、ベルリン国際平和大学理事・教授、ユネスコ顧問等を歴任。世界賢人会議「ブダペストクラブ」を主宰し、ミクロの世界から人間社会、宇宙までを貫く「システム哲学」の研究と発展に努めている、世界を代表する知性人です。

ラズロ博士は、一般の人々の意識が及ぼす影響について、さまざまな科学的な知見とカオス理論に基づいて解析し、混沌としたいまのカオス状態のなかで今後も地球と人類が存続していくためには、私たちの意識の進化が不可欠だとしています。ラズロ博士の見解はこうです（『カオス・ポイント』アーヴィン・ラズロ／著　吉田三知世／訳　日本教文社／刊　より）。

・人口爆発、経済格差、民族紛争、地球温暖化等々の現代文明が直面している危機。その危機を回避できるか否かの岐路、すなわち「カオス・ポイント」は、２０１２年末頃に到達する。

・現在は揺らぎに満ちた「決断期」で、この時期は一人ひとりの意識が社会を大きく変えるほどの影響を及ぼすことから、私たちの意識のあり方が、「崩壊（ブレイクダウン）」か、それとも「前進（ブレイクスルー）」かの鍵を握っている。

『一人ひとりの人間が意識的に、小さいが、しかし大きな力を秘めた揺らぎを作り出すことができる。その揺らぎは拡大して、社会がたどる進化の道を決定することができるのである。人間は、自分たちの希望や期待と合致する方向に進化を傾ける力をもっているのだ。したがって、カオス・ポイントは、地球規模の崩壊の始まりを告げるものであるとは決まっていない。新しい文明への飛躍の前触れとなる可能性も十分にある』

つまり、個々人の小さな選択が、世界を正しい方向、すなわち平和で持続可能な文明に向かわせるか否かの決定的な要因となるというのです。そして、新しい文明の到来についてラズロ博士はこう述べています。

『最も理想的に進展した場合には、これはホロス（古典ギリシャ語で「全一性」を意味する言葉）という名前を冠するにふさわしい文明をもたらすであろう。ホロスの文明は、人々が目の前にある個々の木だけを見るのではなく、森全体、つまり、彼らが住む地球という惑星全体を見ることができるような新しい考え方を第一の特徴とする地球文明なのである』。

時代は、いま、あなたの意識によって、大きく揺らいでいます。
あなたが見たいのは、分離され、孤立している一本の「木」でしょうか？
それとも、見えないところですべてのいのちが繋がり合って生きている「森」ですか？
次の時代、新たな次元を選択、創造するのは、あなた自身の意識です。

コラム　ハートを開く　実践のヒント

ハートマス研究所では「クイック・コヒーレンス・テクニック」という簡単な方法を紹介しています。またハートはオキシトシンとも密接に関連しているので、オキシトシンが出やすい以下の方法もオススメです。

◎クイック・コヒーレンス・テクニック

ステップ1　リラックスし、呼吸を落ち着けてハートのあたりに意識を集中します。
ステップ2　ハートのあたりで呼吸をしているようにイメージします。
ステップ3　愛情や思いやり、感謝などのポジティブな感情を感じるようにします。

◎ハートを意識する

ハートに意識を向けて深い呼吸を続けるだけでもハートからのメッセージやサインを受け取りやすくなります。また、「本当にやりたいこと・好きなことをやっていいよ」と自分のハートに許可を与えることや、あるがままの現実を受け入れること、感謝することや相手のハートを意識することでも自分のハートが元気になります。

◎ハートのオキシトシンを出す

ハートを開く鍵はオキシトシン。オキシトシンが分泌されると、心臓が若々しく元気になります。それには、心を許せる人、動物、植物たちと触れあう（スキンシップやアイコンタクト）、可愛いと思えるものを見たり、前向きな心、感謝、人を思う無私の祈りといったスピリチュアルな行為もオキシトシンを増やしてくれます。

ハートの記憶

人生で自分が成したことは　すべてハートに記憶される
そして　人は死ぬと　肉体を脱いであの世に還る
ハートに記憶された情報は　あの世で再生される
愛と調和に反する情報は　マイナスのカルマとして
愛と調和に寄与する情報は　プラスのカルマとして
それらはすべて　大いなる意識のデータバンクに収録される

そして　中間世において
マイナスのカルマを減らし　プラスのカルマを増やすべく
人として　再び転生することを願う者は
自ら新たな人生の青写真を描き
それを達成するにふさわしい親を選んで　この世に再誕する
新たな人生のカルマは　新たなハートに記憶され
あの世のデータバンクに蓄積されていく

ハートのちから

心臓・ハートの働きは生化学的な働きだけではない
心臓は　脳よりも強い電磁波を放っており
そこには　量子的な働きがあることが
研究者たちによって　すでに確認されている

彼らの知見はこうだ
ハートは　脳と全細胞に情報を送り指示を与えている
ハートは　外界に対して精妙な生命情報を放っている
ハートは　魂が宿る座として5次元世界と情報交換を行っている

無条件の愛や洞察　スピリチュアリティの無尽蔵な源泉
直感　許し　慈悲　感謝　信頼　調和　バランス　希望　勇気　魂の意図…
そして　霊的意識の覚醒
これこそが　ハートに秘められた真のパワーなのだ

Part 6

今を生きる

この章のテーマは、「今を生きる」です。

今でこそマインドフルネスという言葉が広く知られるようになってきましたが、意識を〝今、ここ〟に集中することの大切さは、古来よりさまざまな宗教家や求道者たちによって語られてきました。白隠禅師は『坐禅和讃《ざぜんわさん》』で「当処即ち蓮華国　此の身即ち仏なり」と説きましたが、それは「今、すでに浄土にいる仏としての我《われ》」に気づくこと。すなわち、今、ここにすべてがあり、今、

ここに向き合うべき現実があって、それをただ静かに観察（只管《しかん》）すること
によって悟りの境地に近づける、ということではないかと思います。

そのための方法として、座禅や瞑想、ヨガなどの行法が実践され、時代と
ともに広く一般化してきたわけですが、とりわけ慌ただしい生活に追われる
現代人にとって、マインドフルネスは〝心のエクササイズ〟として必要不可
欠なものなかもしれません。

「今を生きる」ためには、形式や行法ではなく、ただ呼吸と意識のあり方だ
けが問われる――僕がそれを教えてもらったのは、瞑想指導家の山田孝男さ
んやボブ・フィックスさん、がんのイメージ療法として知られるサイモント
ン療法のカール・サイモントンさん等々です。

僕が出会った命がけで今を生きている人たちの誰もが、真の心の平安は過
去や未来ではなく、今、ここにしかないことを体験的に知っていて、外の何
かに依存するのではなく、大いなるものに生かされていることを自覚しなが
ら、人知れず、ご自身のお役目を懸命に果たされていました。

そんなふうに、意識のピントが魂とピタリと重なり合う生き方――まさに
それこそが、今を生きているということではないでしょうか。

無常を体験すればするほど「今を生ききる」覚悟が持てる

「今を生きる」とは、過去や未来にとらわれずに生きること。あるいは、その時々に沸き起こる思考や感情にふりまわされないブレない生き方とも言えるかもしれません

とはいえ、普通に暮らしていれば、どうしても感情に左右されたり、過去に執着したり、未来を案じたりして、今に集中できないことも多々あるでしょう。

では、どうすば〝今〟を生きられるのか？

僕が精神世界の先達から学んだのは、「ほんとの自分」は思考や感情などの表面意識とは全く別ものであることをはっきりと自覚すること。

つまり、心の中の波＝思考や感情を第三者の目で眺めることによって、自我意識から距離を置き、先入観や価値判断などのとらわれのない意識状態で、今、ここにある対象や出来事だけに向き合う、ということです。

過去や未来にとらわれるのも自我の作用なので、いかにしてそれが自分の本性・本体ではないことを知るか、それが今を生きることに繋がる――僕はそんなふうに捉えています。

このとき、「ほんとの自分」から発せられる誠の心や真実を見抜く力が発揮され、その場のエネルギーが宇宙の法則と同じ愛と調和の方向に働くのではないかと思います。

そしておそらく、そのような空（無我）なる意識状態が、霊的な覚醒意識なのでしょう。

ところで、読者の皆さんの中には、精神的なショックや死と直面するによって「今を生きる覚悟ができた」、そんな経験をされている方もいらっしゃるのではないでしょうか。

言い換えると、それは「いつ死んでも後悔しない生き方」とも言えるでしょう。

たとえばそれは、愛する人を突然亡くしたり、病で余命を宣告されたり、とても危険な身に合うなど、心に重圧がかかったときなどにその覚悟を迫られるものなのかもしれません。

この世の儚《はかな》さ、世の無常を体験すればするほど、人は今を精一杯生ききる覚悟が持てる。

なぜなら、「もうあとがない」「明日どうなるか、生きている保証はない」からです。

僕の場合は、うつになったことで、その覚悟を問われたような気がします。

うつという体験が僕にもたらしてくれたもの

ここで、数年前に書いた拙稿（一部加筆修正）を掲載することで、僕がうつをきっかけに学んだことをシェアさせていただきたいと思います（『ホリスティック医療協会ニューズレター』2013年vol.87）。

うつという体験は、僕自身に何をもたらしたか？

改めてふり返ってみると、それは人生の新たなステージに移行するための重要なプロセスであり、そのプロセスは僕にとって、魂という井戸（源泉）に向かって深く意識を掘り下げていく作業でもありました。

僕がうつを自覚したのは離婚をしてから1年ほど経った頃。そもそものきっかけは、離婚をする前に体験した仕事上の挫折でした。

新雑誌の立ち上げに際して、編集長のポストを用意してくれるという好機に恵まれた僕は、創刊準備に向けて意気揚々と動き始めていました。ところがその矢先、突然のスポンサーの撤退によってその新事業が中断してしまったのです。

年齢的にもほぼラストチャンスだっただけに、僕はそのショックから抜け出せず、妻の経済力に依存しながら仕事らしい仕事もせずに日々をやり過ごしていました。

それから数年後、42歳のときに長年連れ添った妻と離婚しました。離婚の最大の理由は、現実を受け入れず自分自身の問題に向き合おうとしない僕に対する彼女の幻滅さと無力感、そして彼女自身に対する尊重心のなさだったのではないかと思います。

別れの日、彼女は僕の荷物の中に一枚のメモをしのばせていました。引っ越し先でふとそのメモに気づいて開くと、そこに書かれていたのは「再誕」という文字……。

しかし、当時の僕にはその意味を汲み取ることはできませんでした。

一人になった自由と孤独を味わいながら、僕は徐々に自分の内側に意識を向け始めていました。仕事で依頼されるテーマが、まるで僕の人生の課題と交差するように続いたことから、図らずも好きな仕事を通して内なる気づきが促されていったのです。

しかしその一方で、ひといたび仕事から離れると深いため息と焦燥感に襲われる日々が続きました。身体のだるさと心の空虚感、生きる意欲も損なわれ、どこでも所構わず自然に涙があふれ出るような毎日……。「明けない夜はない」「超えられない壁はない」、そう自分に言い聞かせるのが精一杯でした。

そんな折、僕の心を大きく揺さぶる出来事が立て続けに起きました。

一つは、仕事で知り合った身体障害があるIさんがある日突然この世を去ったことです。Iさんは同じ障害を持つ奥さんとともに車イス生活を送りながらバリアフリーに関わる仕事に携わっていて、二人はいつも精力的に社会福祉活動を続けていました。

そんなIさん夫妻が海外留学という新たなステージに踏みだす直前、ある朝なんの前ぶれもなくIさんが一人あの世に旅立ってしまったのです。

先天性筋ジストロフィーだった彼は、いつか自分の本を出すときには僕に協力してほしいと言ってくれていたのですが、それも叶わぬ夢となり、Iさんの突然死によって、僕は人が生きる意味と、残された人たちに対する彼の無言のメッセージを強く意識せざるを得ませんでした。

もう一つの大きな出来事、それは元妻Nさんの死です。

離婚後、うつと経済苦のどん底にあった数年間、僕は自分自身の問題についてしっかりと向き合うことができ、意識の変容を体験しました。

それは疑似的な死と再生のようでもあり、そのプロセスを経たことによって「再誕」という言葉に込められたNさんの思いがやっと理解できたのです。僕の精神的成長を願うがゆえの別離という愛がそこにあったということに……。

けれど、Nさんは僕と別れた後にがんを患い、共通の友人から連絡を受けた時には、すでにこの世にはいませんでした。

死を意識することで生が輝き始めた

それを知った時、僕の心の中には張り裂けそうな気持ちと、「彼女はやっと自由になれたんだ」という不思議な安堵感が共存していました。

再生を促してくれたかけがえのない人の死、そしてうつという暗いトンネルの中に入り、そこから抜け出すにはどれほどの時間を要するかはまったく検討もつきませんでした。

しかし、現実はここぞとばかり、僕に心の内側を見つめるように迫ってきました。

どちらかというと、他人に気を遣い、社交的で明るい反面、神経質で気分の浮き沈みが激しく、落ち込む時にはかなり深い憂うつを抱える等々の点において、僕はうつになりやすい性格でした。

言い換えれば、頑固でこだわりが強く、それゆえに認知の歪みがあり、それらが無意識の思考パターンや感情のブロックとなって、本来は自由な心をがんじがらめにしていたのです。

こんなに一所懸命にやっているのに報われないのはなぜ？　そのうちにうまくいかない原因を他人や社会のせいにして不平・不満、愚痴を言い、自分勝手な理想や価値観を元妻に押しつけ、過去や未来に投影して、今、ここに生きてはいなかった――それゆえ、心の電池切れを起こしてしまった。

そう気づけたのは、光の見えない長いトンネルの中で自分の内側を省みることができたからです。

そして、暗いトンネルの中で死を意識し続けることによって、僕の中の〝生〟が、少しずつ輝きを取り戻し始めました。「自業自得。この現実は自分自身が創り出している。これからは、いつ死んでも後悔しないよう、今を精一杯生きよう」と。

そのように意図してから、僕の人生は大きく変わり始めました。

住みなれた都会のマンションから何かに導かれるようにして信州へ移転。アルプスの山々と清らかな湧水、緑豊かな森に囲まれた清々しい空間に身を置く中で、志を同じくする仲間たちと緩やかな交流を楽しみながら、従来以上に魂が快を感じる仕事をこなしつつ、さまざまな人や動植物たちとの繋がりを実感する中で、時折、以前とは違う涙が溢れ出るようになりました。

あの時、うつになって本当によかった。

今、心からそう言えるのは、自然に恵まれた環境の中で幸せな生活を送れているからではありません。うつになって、初めて自分の心の闇や課題と向き合えたからです。

身を緩め、深い呼吸をしながら意識の光をより深い世界へと向けていくと、囚われの自分とは別の本来の自分と再会でき、その内なる声を聴くことによって人生は変えられる。

うつ体験と自然療法によるセルフケアによってそれを知ることができたのは、僕にとって何よりのギフトでした。

この現実は魂の成長を促すためのプロセス。そして、誰もが死と再生をくり返しながら魂の器を広げるために、今、ここに生きている――そのことに対して無条件に信頼できるようになったからです。

また、経済的にもずっとどん底状態が続いていたこともあって、「もうあとがない」「一ヶ月後、生活できている保証はない」という厳しい現実が、気づきを促してくれたようにも思えます。

今、それを僕なりの言葉で表現するとしたら――うつという体験は、自分自身を新たに再生するためのスピリチュアル・レッスン、そんなふうに感じています。

いつ死んでも後悔しないよう、今を生きよう

離婚後、40歳を過ぎてうつになってから、中学の頃と同じように、再び頭の中を死がよぎるようになったのですが、そのときも病院に行く気はありませんでした。

その理由は、抗うつ剤の副作用に苦しんでいる仕事仲間の姿を目にしたり、祖母が精神科に入院後、症状が悪化して自殺した姿をこの目で見ていたので、どうしても精神科の治療を受ける気にはなれなかったからです。

それよりも、仕事で出会ったセラピーやヒーリングに期待を寄せ、スピリチュアルな文脈でうつを捉えようと一人もがいていました。

その間の経緯は先の記事で書いたとおりですが、7年間のうつ経験を通して僕が得たの

は、「すべては魂が決めている。だから自己責任」という気づき、そして、「いつ死んでも後悔しないように精一杯生きる」という覚悟が持てたことでした。

そう意図することで明らかに変わり始めたのが、仕事のオファーの内容と魂の縁ある人たちとの出会いで、それが僕の新たな生きがいとなっていったのです。

親子のあり方、夫婦のあり方、自立した生き方、心と身体の健康、地に足の着いたスピリチュアリティ等々、取材を通して出会う人たちの体験や気づきは、僕自身のテーマと驚くほど重なっていました。

取材対象者の話を前のめりになって聴き、それを活字にする仕事自体が心の内奥と向き合うプロセスワークとなり、まるで自分の内面を映し出す鏡のように見えて、時に涙し、時に学ばされ、時に共感しながら、僕の心の歯車は少しずつ前に動き始めました。

さらにそれを後押ししてくれたのは、数少ない友だちや心優しきセラピスト、そして前述したエッセンシャルオイルやフラワーエッセンスなどの自然界からのギフトでした。

ユング心理学のエキスパートである河合隼雄さんに取材をする機会を得たのも、ちょうどその頃です。「うつはクリエイティブ・イルネス（創造の病）」だと言う河合さんの言葉に、僕は一筋の光を見出したような気持ちになりました。

また河合さんはこうも述べています。

「フロイトやユングも心の病になっています。そして、その心の病を克服していく間に、あのような精神分析や心理学というものが生まれてきました。ですから、うつで沈んでいる間は何もできないようだけれども、実はそこから物事が生まれる。クリエイティブ・イルネスです。これはうつの本質と言ってもいいとわたしは思っています」

いつも自死がよぎる頭とは別に、僕の〝内なる声〟はこんなふうに聞こえてきました。

うつは、今、使えるエネルギーがなくなっているだけで、どこかにそれは溜まっている。そのエネルギーがマイナスの方向に作用すると、自殺という行為に走ってしまう。けれど、プラスに作用すれば、創造的な形で再生できるのだ、と。

新たな価値を創造し、人生をクリエイトするための充電期間がうつの意味。

だとすれば、それは他の病と同じように、ネガをポジに転換するチャンスであり、〝魂のシグナル〟とも言えるかもしれない。心の休止は、自我を離れて魂の声に耳をすませよという内なるメッセージなんだ——うつを患って6年以上も経ってから、やっとそんなふうに思えるようになり、そこで僕は改めて魂のシグナルの意味を問うことにしました。

とはいえ、何も特別なことをしたわけではなく、僕が実行したのはただ〝深い呼吸〟を続けることだけでした。

深い呼吸を続けながら心の内側を観察していく

うつになってから僕の唯一の気晴らしは、ほとんど人がいない平日の昼間にスーパー銭湯に通うことでした。

すでにサラリーマン生活からフリー（自営）になっていたので、それが可能だったのです。日中、露天の五右衛門風呂に浸かって一人で空をボーっと見上げていると、自然に「ふぅーっ」とため息がもれてきます。

口から息を吐くと、こんなにも続くのかと思うほど、長い息が身体の底から出てきます。息を吐ききると、すぐに新鮮な空気が身体の隅々の細胞にまでいき届くように体内を満たしてくれる。僕の吐き出した息は、すべて大空が吸い取って浄化してくれている……。

そんな心地良さを味わいながら、ふと今度は重苦しい感情や観念など不要なものをイメージを使って吐き出してみようと思い、それを試みました。

そんなふうに毎日リラックスした状態で深い呼吸を続けていたら、ふと気がつくといつの間にかずいぶん心が軽くなっている自分に気づきました。

そこで僕は、呼吸とイメージという道具を使って、自分の中の無意識の世界を眺めてみることにしました。不安、怖れ、苛立ち、怒り、悲観、孤独、支配欲、依存、執着等々、人生の各ステージにおいてそのような心のゆがみがいかに生じてきたのか——ただただ、それをじっと観察するかのように……。

僕が「意識のダイビング」や「深海意識」に気づいたのは、このときの体験がベースになっています。

前述したように、海面の波間は顕在意識の領域。ここは分離意識が支配するエゴ（自我）の世界で、エゴはお互いにぶつかりあって波を起こしながら常に揺らいでいます。

けれど、海の底に近づくにしたがって静寂の世界が訪れる。そこは潜在意識の下層領域で、表層の海水とは混ざることのない特有のシステムが存在しています。

まさにそれこそがスピリット（魂）の居場所であり、分離のない「ユニティ」や「ワンネス」と呼ばれる純粋意識の世界。私たちの本体（ほんとの自分）はエゴの波ではなく、この深海にある。

そこで僕が感じたのは、瞑想の要諦は、形や行法でなく、意識の鎮静化による魂との再会なのだということでした。

「私」は借り物、ゆえに誰もが今を生ききる覚悟を求められている

静寂な深海までダイブして、海面でうごめく波間の出来事を観察していれば、波にとらわれることはありません。

とはいえ、常に海底に意識を置いていられるわけではなく、海面との間を行ったり来たり、常に揺らいでいる自分がいるのも事実です。

すると、深海にいる「ほんとの自分」が僕に向かってこう語りかけてきました。

「エゴが騒いで心が波立つときには、海の深みに降りたって、魂の目で静かに水面を眺めていよう」「深海にいる自分こそが、ほんとの自分だということを忘れないように」と。

このような自己観察や潜在意識のクリアリングは、僕にとっては、いのちの源泉である魂の領域に降り立つ心（意識）の井戸掘りのような作業でもありました。

この井戸掘り作業は、見たくないもの、すなわち自分の中にある醜さや未熟さ、シャドー（未消化な感情）などと直面することから、時に苦しみをともないます。

それでも、そこを抜けて魂の領域にまで至ると、そこには光しかなく、すべてが自己成長のための物語であることに気づけるのです。

まっさらな魂・スピリットとの再開――まさにそれは、愛の源泉かけ流し。

その意味で、うつは、いのちの源泉に向かって井戸を掘り進める孤独な作業とも言えるかもしれません。

少なくとも私の場合はそうでした。7年間に及ぶ孤独な期間、それは真っ暗闇の中で、汲めどもつきぬいのちの源泉に向かう意識のダイブ。

さらにその先でかいま見えたものは、「私」がいのちを生きているのではなく、いのちの光が「私」を生きているのだという事実——そのことに気づかせてもらったように思います。

「私」という存在は、大いなるいのちの借り物。そして誰もが光の分霊《わけみたま》。

もしそうであるならば、誰もが「今を生ききる」覚悟を求められているのかもしれません。

「今を生ききる」にはまず現実を受け入れること

「今を生ききる」ことの大切さが、今ほど求められている時代はない……。

だとすると、それだけ現代人が過去にとらわれたり、未来に対する漠然とした不安にさいなまれ、今という現実に対して無意識に拒絶したり、向き合うことを避けているからなのかもしれません。

とりわけ、まわりの空気を読むことに神経をすり減らしている生真面目な日本人ほど、「見たくない現実」が多くなっているとも言えるでしょう。

しかし、今を生きるには、いったん現実をまるごと受け入れる必要があります。

なぜなら、目の前の現実は、私たちの意識がもたらした結果なのだから。

その結果を生み出した心や意識、生き方が変わらなければ、いくら現実を否定しようともその現実は不動だにせず、より望ましい現実へとリメイクすることもできません。

いくら現実を拒絶しようと、また見ないふりをしてやり過ごそうとしても、時間や場所、人や出来事を変えて同じような課題と直面することになる――これが僕が取材でお会いした方々から学んだ見えない世界の法則です。

個々の人生においても同じで、善因善果・悪因悪果、自業自得という「カルマの法則」があるゆえに、自分が直面している現実はどこかで自分が成した行為の反映であり、自分の内面を映し出す鏡のようなものだということです。

では、どうすれば今という現実に背を向けることなく、その現実を少しでも望ましい方向にリメイクしていけるのか？

そこで、スピリチュアリティの出番です。

ここで言うスピリチュアリティとは、「受容」と「大我（真我）」です。

受容というのは、現実をまるごと受け入れる柔軟な姿勢、前向きな態度です。

カルマの法則に従って、「今、自分の前に訪れている現実は、自分の魂を成長させるための課題であり、すべてが学びである」と捉えること。もしかすると、そこには過去世から引き継いだ課題もあるかもしれません。

とはいえ、何も過去の人生物語を知る必要はありません。過去世でどんな人生を生きていようと、そのときの課題が今の現世に現われているので、問題は目の前の課題に自分が真摯に向き合うかどうかだけです。

今、突きつけられている課題、置かれている状況に真摯に向き合う覚悟さえあれば、現実を否定しようとしたり、過去や未来にとらわれることなく、一所懸命に生きることができ、やがてそれが課題の克服や自分自身の魂の成長に繋がるのです。

健全なスピリチュアリティの可視化とは？

もう一つの「大我（真我）」とは、狭い見解や執着から離れた自由自在の「ほんとの自分」のことで、ほんとの自分は「すべての元は一つ」という万物との繋がり実感を持っています。なので、何か不都合な現実に直面したとき、「自分とは関係ない」「悪いのは○○だ」という分離意識や排他的自我に留まることなく、より高次のスピリチュアルな視点から「これは決して他人事ではない。自分自身の問題でもある」という当事者意識を持つことで、相手や社会との繋がり実感が生まれます。

そしてそのうえで、どうすれば問題解決が図れるか、そのための智恵を結集し、自分のできることから行動に移していく。——これが僕が考える、スピリチュアルな知識のより望ましい解釈と運用の仕方です。

スピリチュアルな知識を独善的に解釈し、誤って運用するとどうなるか？

それは、オウム真理教の例を挙げるだけで充分でしょう。

あまたの知識を仕入れ、それを自分に都合がいいように解釈して自己顕示欲や支配欲を満たしたり、世間の評価や承認欲求を満たす手段として用いるのではなく、身近な人たちとの関係性の中で生かしたり、社会的な問題の解決法として応用し、多次元世界の存在たちとともに「I'm OK, you're OK」「I'm happy when you're happy」な現実をつくりだしていく。

それがより望ましい運用であり、健全なスピリチュアリティの可視化、社会化です。

その意味で、スピリチュアリティとは、理想的な問題解決力とも言えるでしょう。

これまでの時代は、分離意識が支配していたために、勝者と敗者、支配者と非支配者、次元が高い人と低い人等々、価値序列をつけることで、あらゆる存在や他者との間の見えない繋がりを断ってきました。

そこで分離してしまった関係性を紡ぎ合わせ、再び結び合わせるのが本来のスピリチュアリティです。つまり、スピリチュアリティとは、見えない世界との繋がりだけでなく、見える世界においての繋がりをも取り戻すことができるパワフルなエネルギーであり、それこそが愛と叡智にほかなりません。

そして私たちは実際に、一つの惑星「宇宙船地球号」の乗り組員として、何事においても他人事として突き放すことができない現実に直面しています。

紛争やテロ、温暖化や環境汚染、新型インフルエンザ・パンデミック（爆発的流行）などにしても決して他人事でなく、すべて一つのコップの中で起きているのだということを全人類に知らしめている——これが今、私たちに突きつけられている喫緊の課題です。

地に足のついたスピリチュアリティが求められている根源的な理由も、まさにそこにあるわけですが、言うまでもなく、敵味方の二分思考や責任のなすり合い、優生思想や序列意識などはスピリチュアリティとは相容れません。

真のスピリチュアリストとは、あらゆる存在との見えない繋がりに気づいていて、本来一つであるものの分離感や対立心を愛で溶かし、智恵の光で結び合わせる者です。

ゆえに、私から私たちへと意識が拡大し、「私はあなた、あなたは私」の次元に至れるのだと思います。

宮沢賢治はそれをこんな言葉で表現しています（『農民芸術概論綱要』序論より一部抜粋）。

世界がぜんたい幸福にならないうちは個人の幸福はあり得ない
自我の意識は個人から集団社会宇宙と次第に進化する
この方向は古い聖者の踏みまた教へた道ではないか
新たな時代は世界が一の意識になり生物となる方向にある
正しく強く生きるとは銀河系を自らの中に意識してこれに応じて行くことである
われらは世界のまことの幸福を索ねよう　求道すでに道である

スピリチュアルな生き方を望むのであれば、賢治のように〝内なる銀河〟を意識しながら地に足のついた生き方を実践していくことが何より大事で、そのような一個人の内なる銀河の光、霊的意識の覚醒は、家庭や職場、地域社会へと広がり、そしてやがては大きな光の渦となって世界や銀河宇宙に向かって伝播《でんぱん》していくに違いありません。

その第一歩は、「ほんとの自分」に出会った人たちの気づきのシェアリングから始まります。

「暗いと不平を言うよりも　すすんであかりをつけましょう」（聖パウロの言葉より）。

光のアクエリアス時代とネオ縄文ライフ

スピリチュアルな分野では、そのような光の時代の到来を、「水瓶座時代」「アクエリアスの時代」(aquarian age) と呼んでいます。

水瓶座の時代というのは、占星術の一つの見方で、春分点が水瓶座にある時代のことです。春分点は一つの星座の中を約2100年かけて進み、その期間中はその星座によって象徴される特性が時代精神に強く反映されると考えられています。

これまでの過去2000年間は、イエス・キリストに象徴される魚座の時代で、魚座時代を示すキーワードは、「自己犠牲(献身)」「理想」「権威」「拡大主義」「イデオロギー」など。

それに対して、水瓶座の時代のキーワードは、「博愛」「平等」「自由」「変革」「ネットワーク」などです。

このことから、イデオロギーや権威に基づく魚座時代のピラミッド式の上下構造は終わりを告げ、一人ひとりが自立し、かつ、緩やかなネットワークを築きながら新しい価値観を構築する時代に移行していくと考えられています。

すでに水瓶座に入っているという説と、まだ移行期だという説がありますが、いずれにしても、今という時代が既存の価値観から解放される大きな変革期であることは確かです。

水瓶座時代は、多様な個性を持った人々が共生・融合し、多様性の中に調和（ハーモニー）・統一をもたらす時代。こうしたコンセプトが、1960年代からアメリカで興ったニューエイジ思想・ムーブメントの底辺に流れています。

ニューエイジ思想に共感する人たちは、「繋がり」「関係性」「自己啓発」「内なる力」「霊性への回帰」などを重視し、分裂や分離を超えたホリスティック（包括的）な志向性をもっているのが特徴です。

これは何かに似ていると思いませんか？

そう、遙か古の私たちのご先祖、縄文人の生き方と同質（相似）なのです。

縄文人たちは、自然や自己の内に霊性を見出し、同じいのちの巡りの中にいる動植物たちと対話し、多様なライフスタイルを楽しみながら、遠く離れた同胞たちとも繋がりあって、戦争のない調和的な社会、ネットワークを築いていた。

そして、シャーマンを介して見えない世界を暮らしの中に可視化し、縦割り社会ではなく、母なる大地や森と同じように、個々の特性や役割を発揮し、互いに尊重しながら支えあっていたに違いありません。

彼らは、過去や未来ではなく、日々、全身全霊命がけで、今、ここに生きていた！

そのような2000年の周期よりも遙かに大きな1万年周期の波のうねりが、再び私たちの足下に訪れている――僕にはそんなふうに感じられてなりません。

もし、あなたがスピリチュアルな生き方を望まれるならば、ぜひハートの声を聴きながらあなたしかできないネオ縄文ライフを命がけで楽しまれることを切に願ってやみません。

コラム　今を生きる　実践のヒント

「今を生きる」ことが難しいのは硬直した価値判断（思い込み）や他者からの評価、あるいは過去や未来にとらわれているから。身体を緩めて心を開放し、意識を今、ここに集中する（弛緩集中）ことで〝内なる神〟が現われます。

◎瞑想やヨガ

本来、座禅や瞑想、ヨガは〝今、ここ〟を味わう体験。習慣化すればすべてをあるがままに受け入れられるようになるとも言われますが、大切なのはそれを日々の暮らしの中で体感すること。その極意は呼吸で、「人生は呼吸一つで変えられる」のかもしれません。

◎無我夢中になる

無我夢中で遊んでいる子どものように、今、自分が成していることに１００％集中することで、今をイキイキと生きられるようになります。日本人初のエコロジストである南方熊楠はそれを直入と言いましたが、それは「対象と一体化する」ことです。

◎自然との対話

今に集中できないのは思考や感情にふりまわされているから。そのループから離れるには自然との対話が効果的。木の精霊は私たちにこう呼びかけます。「大木をいつくしみ、育てましょう。そうすれば、あなた方はもっと神に近づくでしょう」

今という時間《とき》

「未来」から「今」に向かって流れるのが時間
「未来」は　永遠のゆらぎ
「過去」は　思いのなかの残像

肉体を持つわたしたちが体験できるのは
「今」だけ

今　今　今の連続が　この世の現実
今に何を見出すか？
それが　人生の価値を決定づける

今　ここに

今　ここに　やるべき課題がある

今　ここに　向き合うべき現実が現われる
今　ここに　自分を最大限活かせる場がある

心の底から快を感じることに対しては
誰もが無我夢中になれる

それは　脳ではなく　魂が望んでいるから
頭脳は　思考や感情　過去や未来に意識を分散させる
だが魂は　今　ここに　意識を集中させる

どんな状況にあるか　にはかかわらず
深い心の充足感　魂の成長を望むならば
意識を　今　ここに　集中しよう

おわりに

本文でも述べたように、日本で「精神世界」という言葉が聞かれるようになったのは、現在のスピリチュアルブームに火がつくかなり前、確か1970年代後半の頃からだったように記憶しています。

瓜谷侑広氏（故）が創立した「たま出版」が、精神世界という新しいジャンルを切り開いたのを契機に霊性や神秘学に関する書籍が書店に並ぶようになり、それに伴ってマスメディアが霊的な現象や超能力、UFOなど、それまでオカルトと呼ばれていたものを頻繁に取り上げるようになりました。

一時期、オーム事件の影響でいったんは沈静化したものの、再び堰を切ったようにブームが再燃。そんな70年代後半から90年代初頭にかけて起きた日本の精神世界ブームは、今のスピリチュアルブームの先駆けと言えるでしょう。

僕が精神世界に関わる仕事に就くようになったのも、たま出版の影響が大でしたが、瓜谷氏は晩年、精神世界が利益優先のビジネスの世界に取り込まれていくことに対して、とても懸念を示していました。

むろん、ビジネスそのものを否定していたのではなく、精神世界に真摯に取り組んでいる人たちの探究の成果や功績に対して、それをただ単にお金儲けの手段として切り売りしたり、食い物にされることに我慢ならなかったのだと思います。

当初、瓜谷氏は出版業とは別に、精神世界とビジネス界を融合するために船井幸雄氏や稲盛和夫氏らと「ホロニックマインドクラブ」という雄志の会を立ち上げて啓蒙活動を行っていましたが、その後、三者はそれぞれの道を歩むこととなりました。

ご承知のとおり、船井氏は経営コンサルタントの立場で、精神世界の可能性を広く一般に知らせる言わば広報担当者として長年尽力されました。一方の稲盛氏は、自らの経営哲学の中にみごとに精神世界のエッセンスを組み入れて、今なお多方面で精力的に活躍されています。

その意味で、日本の精神世界の進展にとって御三方の功績はとても大きいものがありますが、はたして瓜谷氏が描いていた精神世界のゆくえはどのようなものだったのでしょうか!?　今から30年以上も前に、瓜谷氏はこんな言葉を残しています（たま出版刊『深層自己の発見』より）。

精神世界は波動の世界であり、一人の目覚めた人の波動が、同じ他の人の波動を呼んで自然に相い寄る魂となって集まってくる。しかしそれは無色透明なので、かたまりにはならない。波動の格調は高く、他と対立する何物もない。神を受け容れることもできるし、求められるところへはどこにでも浸透して行くことができる。

かくて各人の心の深層に、大きな精神の変革が静かにゆっくりと起こり始める。本当の内部からの心の変革が起こって、その細やかな波動が自然に他の人の心の深層に波及する。そうしていつの間にか、そういう人々の集団、あるいは社会が、その精神世界にふさわしい変革を遂げてゆくのだ。そのムーヴメントがついに動き出したのである。

瓜谷氏が予測した「ムーヴメント」が、今も続いている日本のスピリチュアルブームと軌を一にしているのかどうかはわかりません。

ただ、瓜谷氏の言葉に習って、僕が精神世界で学んだことを一言で表すとしたら、こうです。心の深層にある「魂の記憶」を呼び覚ますために、先人たちが残してくれた大切な知恵袋は、今それを必要としている者たちに確実に手渡されている。

そして、「自分の意識が変われば世界は変わる!」という精神世界のエッセンスについて、実体験を通して気づいた人たちが確実に増えている。

これまでのように、大衆の注目を集めるスピ系の突出したパフォーマーではなく、今後、普通の人々による霊的な覚醒意識(聖なる気づき)のシェアリングによって、チーム意識が芽生えてくれれば、日本にも瓜谷氏のいう大きな精神の変革に繋がるムーブメントが起きるかもしれません。

それが僕の言う、スピリチュアリティの可視化、社会化です。

そしてそのために必要なのが、スピリチュアルな知識の健全な解釈と運用です。

もちろん、それをもたらすのは、氾濫するコピペ情報や知識の多寡ではなく、一人ひとりの体験を通した実証作業であり、〝ハートのちから〟にほかなりません。

これが30年間、精神世界の旅を続けてきた僕なりの結論です。

＊

最後までお読みいただき、ありがとうございました。

この本が読者の皆さんのハートに少しでも共感を与えることができたなら、とても嬉しいです。

またこの場を借りて、取材を通して数多くの学びと気づきを与えてくださったすべての先達、先生方に対して、心から感謝と御礼を申し上げます。

本書が出版できたのは皆さまのおかげです。

そして、今も繋がっている天国にいる元妻のNさん、僕の破天荒な生き方を忍耐強く見守ってくれている家族や親族、生まれてからずっと陰で支え続けてくれているスピリチュアルガイドの深海のように深い愛に対しても、心から感謝の意を表したいと思います。
最後になりましたが、拙稿を書籍化するに当たって、適切なアドバイスと早い時期から出版を促してくださった株式会社ＢＡＢジャパンの東口敏郎社長様、並びに編集部の皆様に心より厚く御礼申し上げます。

小笠原　英晃

光田秀

NPO法人
日本エドガー・ケイシーセンター会長

対談 ×

小笠原英晃

小笠原　初めに、エドガー・ケイシーがアメリカにおいてなぜ「ホリスティック医学の父」と呼ばれているのか、そのあたりの説明からお願いできますか。

光田　まず、ケイシーが催眠状態で一度も会ったこともない人の病気を正確に診断し、それまで医師が見落としていた病気の原因を明らかにし、そしてリーディングによって得られた的確な治療法を施したところ、その人たちが治った、という事実があります。

しかも、ケイシーが相談を受けたのはどれも難病の人ばかりですから、彼らの病気が治ったということは、唯物論的な考え方では説明できないのは明らかです。

もう一つ重要な点は、ケイシーが残した膨大なリーディング情報に基づいて、現在の私たちが同じようにやってみると、ちゃんと成果が出るということです。たとえば、ケイシーが言ったように、アトピーの原因は小腸にあるのかもしれないと思って、ケイシー療法の食事を試してみる。具体的には、ナス科の野菜や揚げ物は避けるなど小腸をケアすることでアトピーが治っていくわけです。そのような事例がたくさんあって、現代においても信頼できる情報であり、そのうえでケイシーは「人間の本質は魂である」とも述べている。つまり、医学的にも反論の余地がない状況で、魂や輪廻転生のことにも言及している点において、ホリスティック医学の父であり、原点だと高く評価されているわけです。

ケイシーは魂の情報として、人間は何度も生まれ変わりながらいずれ高い次元に行くこと、そして生きている間はカルマの法則などのもとで生かされていること、神の配慮、恩寵のもとに我々の人生があることなどについて述べています。つまり、健康に関するフィジカルリーディングと同じように、ケイシーの魂の情報も我々の魂を癒やしてくれることが体験的に理解できるのです。

小笠原　まさにそれを光田さんご自身が40年間実行し、実証されてきたわけですね。

光田　だから、やらなきゃ損！ってことです（笑）

小笠原　かつて日本ではケイシーは予言者として紹介され、一部の未来予知が外れたことから、ある意味そこで情報が止まってしまっていたわけですが……。

光田　もったいないですね。それは研究不足です。

小笠原　これは映画『リーディング』をつくられた白鳥監督にも確認したことなんですが、なぜ今ケイシーが再び注目されているのかというと、約1万4000件もあるリーディングの3分の1が日本語に翻訳され、それを実際に試す日本人が増え、たくさん成果が出てきたことでケイシー療法への評価が高まってきたということですね。

光田　それもあると思います。アメリカはすぐに効果が出ないと患者さんから訴訟されたり、個人の医療保険も通常の医療でないと、おりにくい面があることから、ドクターたちは表だってケイシー療法を広めにくい面があります。もちろん、アメリカでも成果は出ているんだけれど大きな声では言いづらい。それに対して、日本では自由診療の中で患者さんに勧めやすい面があって、ヒマシ油湿布でがん患者さんが良くなったと言えば、ドクターへの信頼感があるので自然に広まっていくわけです。

小笠原　日本でもよく知られている代表的なケイシー療法としては、ヒマシ油湿布や洗腸、リンゴダイエットなどがありますね。

光田　はい。ケイシーのフィジカルリーディングの基本原則は主に４つに集約され、その頭文字をとって、ＣＡＲＥ（ケア）と呼ばれています。Ｃは循環を意味するCirculationで、これは血液やリンパ液などを滞りなく循環させるための適度な運動、オイルマッサージ、整骨療法などです。次のＡは同化を意味するAssimilationで、食物を消化吸収を促すために毎日の食事を酸性食品20％、アルカリ性食品80％で構成し、水を１日７～８杯飲むこと、

そして毒素を発生させない食べ合わせや調理法などにも言及しています。

Rは弛緩を意味するRest、Relaxationで、十分な睡眠とリラクゼーションを取り入れること。最後のEは排泄を意味するEliminationで、これはケイシー療法の中でも特に重要なもので、身体の毒素を排出して体内を浄化することです。そのために、運動、洗腸、ひまし油湿布やフルーツダイエット、蒸気浴、呼吸法などが勧められています。CAREは肉体的なアプローチですが、病気の種類によっては精神的なアプローチや霊的なアプローチも含み、基本的にはボディ、マインド、スピリットの3つの次元から病気の原因を探っていきます。

小笠原　精神的、霊的なアプローチとしては、アメリカのケイシー財団（ARE）などではどのような指導をされるのですか？

光田　病気の種類によっては瞑想を指導したり、聖書を読むことを勧めたり、あるいは夢分析をやります。

小笠原　日本でもケイシー療法でがんが改善している人が増えているそうですが、この取材の少し前に、光田さんの講演会にがんを克服された方がいらっしゃったとか。

光田　新潟の講演会に来られていた男性の方で、進行性の腎臓がんだったのが義理の娘さんが『リーディング』を観てケイシー療法を勧めてくれて、一生懸命やったところ3ヶ月ほ

どでがんがほとんど消えてしまったそうで、とても喜ばれていました。

ケイシーのがんの治療法は、進行度や部位によってバリエーションがありますが、共通項としては厳格な食事療法が要求されます。豚肉と牛肉と揚げ物は禁食、そのうえで緑の新鮮な葉物野菜をたくさん食べ、毒素排泄を促すためにコロニクス（腸内洗浄）も週1回から月1回くらいの頻度で行います。それができるようになったところで、炭素灰＋光線療法というケイシー独特のがん治療法を行います。

小笠原　ケイシーの食事療法は生野菜が多く、中には「日本人の体質に合うの？」と疑問を持つ人もいるんじゃないですか？

光田　確かにそういう問い合せもあります。その場合は、「まずはやってみてください。やってみてご自分に合わないようなら他のやり方をしてみればいいんじゃないですか」とお応えしています。

小笠原　興味深いケースとしては、精神病の治療に親知らずを抜くというリーディングもあるそうですね。

光田　アメリカのケースですが、精神分裂病で暴れてしまう女性の姉妹がケイシーに相談したところ、リーディングで「親知らずの神経が脳に達しているのが原因。親知らずを抜けば良くなる」と言われた。そこで歯医者を連れていって姉の親知らずを抜いたところ、その女性は数日後正常に戻ったそうです。ケイシーは、アメリカの精神病患者の何割かはこのパターンだと言っています。

小笠原　難病の一つである乾癬に対しても効果をあげているそうですね。

光田　現代医学では乾癬を皮膚の病気だと考えますが、ケイシーは、皮膚の症状はあくまで結果であって、原因は消化器にあるとしています。十二指腸や小腸の腸壁が薄くなっていて、炭水化物やタンパク質が十分に分解されないまま薄くなった腸壁から体内に入り、それらが異物としてアレルギー反応を起こすということです。

原因が薄くなった腸壁なので、治療法としてはまず消化しづらい食べ物を除去し、毒素排泄ためのヒマシ油パックや腸内洗浄を定期的に行い、腸壁を保護するためにニレ茶やサフラン茶などのハーブティーを飲みます。すると数ヶ月できれいな皮膚に回復しますが、途中で乾癬が一時的に悪化することがあるため、驚いて治療を中断する人も多いんです。しかしそこを乗り越えると腸壁が厚くなって、健康な皮膚に回復していきます。

小笠原　今でこそケイシーはニューエイジムーブメントの先がけ的存在として知られていて、「20世紀最大のチャネラー」とも言われますが、当時のアメリカ人にとってはケイシーが降ろした魂や輪廻転生に関する情報は受け入れ難いものだったんじゃないでしょうか？

光田　宗教的な信条としては受け入れ難かったろうと思いますね。その意味では日本のほうが受け入れやすかった。でも、ケイシーのリーディングには確かな事実の積み重ねがあるので、それを否定するのは非科学的ですよね。だから、唯物論者も認めざるを得ないでしょう。

小笠原　20年ほど前の話ですが、超常現象研究家の秋山眞人さんと博物学者の荒俣宏さんが対談され、お二人が「ケイシーは地球レベルでの前世療法を施した」と述べられているんですが、その意味でも、ケイシーはそれまでの唯物的な医学の呪縛から人々を解放したとも言えるわけですね。ケイシーによると、元々聖書には輪廻転生の記述があって、それが後世の人によって意図的に削除されているとのことですが……。

光田　そう、転生の記述が削除されている、けれどそれは完全ではなかったとケイシーは述べています。『ヨハネの福音書第8章』には、ユダヤ人がイエスに対して「あなたはまだ五十にもならないのにアブラハムを見たのか」と問うたのに対して、イエスは「よくよくあなたがたに言っておく。アブラハムの生れる前からわたしは、いる」「アブラハムはわたしのこの日を見ようとして楽しんでいた。そしてそれを見て喜んだ」などと答えていて、イエスの生まれ変わりを示唆する記述が残っています。

ケイシーが言うには、イエスの前世はサレムの王で祭司だったメルキゼデクです。当時アブラハムに出会ったメルキゼデクは、パンと葡萄酒《ぶどうしゅ》を持ってアブラハムを祝福したと旧約聖書に書いてあり、今のクリスチャンがパンと葡萄酒を祝福のシンボルに使っているのはイエスが前世でやっていたということです。ケイシーは9歳のときから聖書を読み始めて、67歳で亡くなるまで毎年一回通読しています。それは彼の魂が躍動したからで、そこにはケイシー自身の前世、つまり自分自身の体験したことが書かれていたからです。

小笠原　何度も聖書を読むことで、自分の魂の記憶を呼び覚ましていたわけですね。

光田　話を戻しますが、日本のケイシーセンターが、なぜ病気の治療法について重点的に取り組んできたかというと、ケイシーがリーディングの中で、自分がもたらしたものを世の中に広げようと思うならば、まずは病気の治療という側面から始めよ、と述べているからです。

ケイシーは44年間リーディングを取った中で、最初の22年間は病気の治療法だけで、後半になって夢分析や前世、予知などの分野に入っていった。これはイエスとまったく同じパターンで、イエスも3年間の活動の中で最初の1年半は病気の人を癒やし、後半に魂の福音を述べ伝えたわけです。それには理由があって、「霊の知識を地上にもたらすには、この情報が肉体次元で役に立つものであることを最初に示さなければいけない、でなければ魂の真理は届かない」からです。

ですから、私たちもそれにならって病気の治療法を前面に出してきたわけです。おかげさまで、それを実践された方々が実際に良くなってきて、「ケイシーの情報は本物だ」と言い始め、そのタイミングで白鳥監督が『リーディング～エドガー・ケイシーが遺した、人類の道筋。～』を制作されたわけです。

小笠原　それはすごく納得できますね。日本ではあまり知られていませんが、以前私が取材で関わったブラジルのスピリティストの人たちも同じ考えです。彼らはミディアム（霊媒師）を中心に普通の人たちが霊的存在たちの力をかりて霊界の存在証明のために奇跡的な治癒をたくさん起こしています。そしてそれがきっかけとなって輪廻による霊性の向上という霊的価値観が広がって、ストリートチルドレンを助ける施設をつくるなど、社会活動にまで広がっていて、その数は数万とも数十万とも言われ、ブラジルでは霊界を描いた映画までできています。

ところで、ケイシーリーディングの情報源については、人類の過去の歴史が記録された「アカシックレコード」だと言われていますが、その点についてはどうですか？

光田　アカシックレコードというと巨大な一冊の本をイメージしがちですが、必ずしもそこに至らなくてもよくて、たとえば科学的な情報を得る場合は、亡くなった科学者たちの集合意識にアクセスすれば情報が得られるわけです。アカシックレコードに到達するには、神の恩寵がないと到達できません。ケイシー自身は「ユニバーサル・コンシャスネス」（普遍的意識）と呼んでいて、そのためリーディング中は「私」ではなく、必ず「我々」と言っていたわけですが、それは個の意識を遙かに超えた非常に高い次元の意識ですね。しかもケイシーは「抽象的な情報は意味がない」と言い、我々が実行に移せる実用的な情報だけをもたらした。実用的な情報は試されるので、もしインチキならすぐにバレてしまいます。

小笠原　実際に試して成果が出ている実用的な情報、それがケイシー療法だということですね。次に、リーディングの中の「魂の惑星間滞在」についてお聞きしたいのですが、この死後、霊的次元の惑星に移行するという考えは日本ではあまり知られていないですね。

光田　ケイシーが述べた魂の惑星間滞在というのは、占星術の根拠となる根本原理のようなものです。ケイシーによると、我々は死後肉体を離れると魂の学びのために主に太陽系の惑星に滞在すると述べています。と言っても木星人や火星人に生まれるのではなく、霊的に滞在し、その惑星の波動の中に入るということで、死後最初に向かうのは直前の人生を反映させるような惑星です。ケイシーの場合は、直前の人生で放蕩生活にあけくれたギャンブラーだったので、死後すぐに向かったのは忍耐を学ぶ土星でした。惑星毎に特徴があって、たとえば金星であれば、プラス面は愛情深さや美しいものへの愛着、芸術的才能などで、マイナス面はお人好しでだまされやすいところがあります。

地球に生まれてくる直前には、次の人生に必要な学びを得るための惑星に滞在しますが、どのような惑星が影響を与えているかについては、ホロスコープの真東（アセンダント）と真南（天頂）のハウスに入っている惑星がそれを示しています。従来の星占いとは違って、このような直近の惑星の影響を知ることで自分の特性を知り、得意分野や適職などに活かせるのが本来の占星術なんですね。この惑星間滞在の考え方は、我々が地球だけに留まっている小さな存在、肉体的存在ではないということを証明している。つまり、我々は転生によって時間的拘束から自由になり、占星術によって空間的拘束からも自由になれるのです。

小笠原　なるほど。意識の拡大が促されるわけですね。

光田　僕なりの言葉で表現するなら、転生によって時間の有限性に由来する絶望から解放

され、占星術によって空間の有限性に由来する絶望から解放されるということです。そしてこの2つの絶望から解放されても、次に能力の有限性（権能）に由来する絶望があるわけですが、我々が能力の限界からも解放されることを示されたのがイエスです。イエスは水上を歩いたり死者をよみがえらせたり、復活を遂げるなど驚くべき権能を発揮され、我々が能力という点でもさらに上昇し得ることを示された。これによって最後の絶望も消え去るのです。

ケイシーは「人間は究極的にどのような存在になるのか？」という質問に対して、「Be yourself, Yet One with ALL」（あなたはあなたのままである　しかしながら　万物と一体となる）と答えています。つまり、私は私でありながらも、あなたは私という意識になっていくということです。ケイシーはその具体的な方法についても『神の探求』（たま出版）の中で詳しく述べています。

小笠原　まさに神の分霊ということですね。最後にケイシーの夢分析についてお聞きします。光田さんが奥様の吉元由美さんと出会ったきっかけは、夢療法家である坂内慶子さんの夢の導きだったそうですが、ケイシーは夢についてどのように捉えていたのですか？

光田　ケイシーによると、意識は顕在意識、潜在意識、超意識の3つから成ります。潜在意識には怒りや悲しみなどの抑圧された情報が記憶されているわけですが、魂は直接的なメッセージの形ではなく、身振り手振りのような形で顕在意識にサインを送ってくる、これが夢です。なので、夢分析をすることでそれが理解できるようになり、潜在意識がクリアになればなるほど夢が鮮明になって、魂からのメッセージを受け取れるようになるわけです。

小笠原　夢は内なる魂との対話でもある、ということですね。今日は興味深いお話をありがとうございました。

付録1　対談　光田秀×小笠原英晃

日本のスピリチュアルムーブメントの流れ

文責・筆者

1970年代

・つのだじろう氏の漫画『うしろの百太郎』(73年~)の影響で若者たちの間で「こっくりさん」ブームが起き、その後憑依《ひょうい》現象が蔓延《まんえん》したことから、著者の呼びかけでブームの沈静化が図られる。

・ユリゲラー氏が日本のテレビ番組に出演したことによって「スプーン曲げ」が流行し、ほぼ同時期に、矢追純一氏によるテレビのUFO番組の影響でUFOブームが起きる(74年~)。

・たま出版(69年創業)の創業者・瓜谷侑広氏が脱宗教を意味する「精神世界」という言葉を掲げたことが契機となって、書店に精神世界コーナーが設けられるようになり、「精神世界の本」のブックフェアが開催される(78年)。

・74年、超越瞑想(TM)の指導と普及のための「マハリシ総合教育研究所」が栃木県那須塩原市に設立される。

・76~77年にオーガニック野菜や精神世界系の書籍を扱う「ほびっと村・プラザード書店」がオープンし、またヒッピーを題材にしたミュージカル映画『ヘアー』

1980年代

（79年製作）が公開されるなど、日本でもヒッピー文化が広がりを見せた。

・霊能者の宜保愛子氏がテレビに出演したのを皮切りに、心霊ブームが起きる（80年〜）。
・超能力に目覚めた高校生が主人公のアニメ映画『幻魔大戦』（『週刊少年マガジン』に連載された漫画の映画化）が83年に公開され、原作者の平井和正氏（故）が一時期GLA創始者である霊能者・高橋信次氏に傾倒していたことが話題となった。
・少女漫画誌に連載された『ぼくの地球を守って』の影響で、86年以降若い女性たちの間で前世や超能力が話題になる。
・俳優の丹波哲郎氏による著作「大霊界シリーズ」が通算250万部を超えるとともに、89年には映画『丹波哲郎の大霊界』が公開され、心霊ブームの一翼を担う。
・「C＋Fコミュニケーションズ」（87年）が中心となって日本にトランスパーソナル心理学が導入されるとともに、ホリスティック医学の概念の普及を図る「日本ホリスティック医学協会」が発足（87年）するなど、精神世界・スピリチュアルな分野に感心を示す層がより広がった。

・89年、東京南青山にSpiritual Bookstore『ブッククラブ回』が開業し、精神世界やオルタナティブ文化の発信基地の一つとして注目されるようになる。

・80年代半ばより、芸能の神を祀る奈良県の天河神社（天河大弁才天社）が、宗教学者の鎌田東二氏をはじめ、角川春樹氏、漫画家の美内すずえ氏、ミュージシャンの細野晴臣氏、宮下富実夫氏（故）、作家の田口ランディ氏らアーティストなどが多数詣でたことから、「精神世界の六本木」として大きな注目を集めた（神社ブームの先駆け）。

・80年代後半、江本勝氏がＭＲＡという「波動測定器」を日本に持ち込んで波動カウンセリングを始めたのを契機に、その後さまざまな波動測定器がもたらされて波動ブームが起きた一方で、波動の定義が曖昧で機器の再現性などが問題視された。

・『ノストラダムスの大予言』（73年出版）の影響で、１９９９年7月に地球が滅

1990年代

びると信じた人が続出し、世紀末ブームが巻き起こる。
・青山圭秀氏の『理性のゆらぎ』(93年)がきっかけとなって、インドの聖者サティア・サイババブームが起き、日本でも賛否両論がくり広げられた。
・ジェームズ・ラブロックの「ガイア仮説」に共鳴した龍村仁監督のドキュメンタリー映画『地球交響曲(ガイアシンフォニー)』第一番が92年に公開され、その後シリーズ化される(最新作は第八番)。
・超能力サラリーマンとして登場した高塚光氏の半生をモデルとした映画『超能力者 未知への旅人』が公開される(94年)。
・94年に船井幸雄氏が主催するスピリチュアル系イベント「第1回船井オープンワールド」、96年にニューエイジ系の会社フィリ・プロジェクツ主催の「フィリ・フェスティバル」が開催される。
・オウム真理教による地下鉄サリン事件(95年)の影響によって、メディアが超能力系の番組を自粛し、マインドコントロールが社会的に問題視される。
・『光の手』(95年)、『アルケミスト』(97年)、『アウト・オン・ア・リム』(99年)などの海外の翻訳本が次々とベストセラーになる。また、97年に翻訳本が出版された『神との対話』(第一巻)はシリーズ累計130万部を突破し、各地に

1990年代

自主的な勉強会ができた。

・日本におけるレイキセミナーや、『気マガジン』(90年)、『癒しの手』(95年)、『癒しの現代霊気法』『レイキ完全本』(98年)等々の影響によってレイキブームが広がる。

・長野県伊那市にある「分杭峠」(ゼロ磁場)を皮切りに、全国各地の神社仏閣、遺跡などのパワースポットブームが広がりを見せ始める(95年〜)。

・米国の精神科医ブライアン・ワイス氏による『前世療法』(96年)や『アウト・オン・ア・リム』のヒット、ピプノセラピー(催眠療法)の普及などにより、前世ブームが起きる。

・福島大学助教授であった飯田史彦氏の『生きがいの創造』(96年)から始まる著作群が累計150万部を超えるとともに、飯田氏を中心として医師や看護師からなる「生きがいのメディカル・ネットワーク」などが発足。

・97年、元ソニーの工学博士である天外司郎氏(ペンネーム)が「マハーサマーディ研究会」を立ち上げ(のちに「ホロトロピック・ネットワーク」と改称)、医療、教育、精神世界をテーマにした講演会やワークショップ、瞑想会などを開催。講師には五木寛之氏や柳田邦男氏、中森じゅあん氏など著名人も多数名を連ねている。

・90年代半ば以降、それまでの「精神世界」「霊性」という用語から、徐々に「スピリチュアル」という言葉が用いられるようになった。

2000年以降

・2002年、「スピリチュアルTV」のネット放送が始まるとともに、「すぴこん(スピリチュアル・コンベンション)」が東京を皮切りに全国各地で開催される。

・エドガー・ケイシーの夢療法家でもある吉元由美氏が作詞した、平原綾香の「Jupiter(ジュピター)」(03年)が、発売後、100万枚を超えるミリオンセラーとなる。

・鏡リュウジ氏著の『天使はあなたのそばにいる』(03年)や大瀧啓裕氏訳の『天使の世界』(04年)、また、米国の透視能力者ドリーン・バーチュー氏による『エンジェル・ヒーリング』(04年)やオラクルカードなどの影響で天使ブームが再燃する。

・『国分太一・美輪明宏・江原啓之のオーラの泉』(05年)のテレビ放送によって、スピリチュアル・カウンセラーとしての江原氏の存在が大きくクローズアップされるとともに、前世やオーラがブームになる。
・『引き寄せの法則　エイブラハムとの対話』（07年）、『ザ・シークレット』（07年）などの翻訳本がヒットした影響などで引き寄せブームが起きる。
・2008年、「癒やしフェア」がインテックス大阪、東京ビッグサイトにて開催される。
・2011年からスタートしたスピリチュアル系アニメ『魔法少女まどか☆マギカ』が大ヒットし、読売新聞主催の日本のポップカルチャーNo.1を決める「SUGOI JAPAN Award」（2015年）ではグランプリを受賞。
・2012年公開の白鳥哲監督の映画『祈り～サムシンググレートとの対話～』が、国内の劇場で3年3か月のロングラン記録を達成し、ニューヨーク・マンハッタン国際映画祭ベスト・グローバル・ドキュメンタリー賞グランプリ受賞他、多数の賞を受賞。
・2014年、NHKスペシャルで「臨死体験」や「超能力」が取り上げられ、未知の現象を脳科学や物理学の最新理論で解析する一方で、「生まれ変わり」や「テレパシー」の中にはいまだメカニズムが解明できない謎も残ることから、量子論を駆使するなどして、合理的な説明を目指している現状について報告された。

・ヨガ人口が2000年代中盤の30万人から増え続け、現在では毎年新たに初める人が100万人を超えると見られている（現在は約770万人）。

・近年、一般人の間で「巫女舞」や千賀一生氏による「わの舞」、柳元美香氏による「観音舞」などのシャーマニックな舞を舞う会、また、「アワ歌」や「カタカムナ」などの言霊を唱和する小規模なグループ活動が、各地で静かな広がりを見せている。

・縄文文化に対する注目が集まり、山岡信貴監督によるドキュメンタリー映画『縄文にハマる人々』が各地で上映されるなど各方面から再評価されつつある。

これまでに取材をさせていただいた方々の一例（順不同・敬称略・故人含む）

精神世界系

・瓜谷侑広（たま出版創業者・故）・船井幸雄（経営コンサルタント・故）・角川春樹（実業家）・荒俣宏（博物学者）・秋山眞人（超常現象研究家）・三上丈晴（「ムー」編集長）・韮澤潤一郎（ＵＦＯ研究家）・角由紀子（「トカナ」編集長

・木村藤子（透視能力者）・上地一美（霊能者）・神光幸子（神託者）・櫻井喜美夫（霊能師）・姫乃宮亜美（チャネラー）・ローリー・グドナソン（サイキックチャネラー）・レバナ・シェル・ブドラ（透視能力者）

・美内すずえ（漫画家）・葉祥明（絵本作家）・マドモアゼル愛（占星術家）・中森じゅあん（算命学アドバイザー）・松村潔（サビアン占星術家）・喜多郎（アーティスト）・仲川雅彦（異次元アーティスト）・青山圭秀（作家）・中丸薫（国際政治評論家）・エハン・デラヴィ（意識研究家）

・望月俊孝（レイキ普及家）・大内博（翻訳者・故）・ユイワン（ヒーラー）・寺尾夫美子（スピリチュアルヒーラー）・武藤悦子（オーラソーマティチャー）・森由里子（作詞家）・音妃（倍音シンガー）・中島修一（ヴィジョナリー・アーティスト）・穴口恵子（スピリアルライフ提唱者）・森岡ひさ子（ファミリー・コンステレーション・ファシリテーター）

・山田孝男（瞑想指導家・故）・山本健造（超心理学者・故）・中川雅仁（気功師・故）・知花敏彦（真理探究家・故）・中西旭（古神道家・故）・塩谷信男（医学博士・故）・宇野多美恵（相似像学継承者・故）・江本勝（波動研究家・故）・根本泰行（理学博士）・ボブ・フィックス（瞑想指導家）・ドン・アレハンドロ（マヤの長老）

・鎌田東二（宗教学者）・正木晃（宗教学者）・山田昭和（哲学・教育学博士）・山田二三雄（牧師）・栗本慎一郎（経済人類学者）・西部邁《すすむ》（評論家・故）・渡辺誠（考古学者）・藤原肇（評論家）・龍村仁（映画監督）・白鳥哲（映画監督）・木内鶴彦（彗星探索家）・浅川嘉富（先史文明研究家）他

ホリスティック医療・自然療法系

・帯津良一（総合診療）・降矢英成（心療内科）・黒丸尊治《たかはる》（心療内科）・川嶋朗《あきら》（総合内科）・西谷雅史（産科・婦人科）・山本竜隆《たつたか》（統合医療）・山本百合子（アントロポゾフィー医療）・森下敬一（自然医学）・大森隆史（デトックス治療）・越智啓子（精神科・魂科）・萩原優（代替補完医療）・杉本恵子（獣医・ホメオパス）・大村恵昭（O-リング・予防医学）・串田剛（脳神経外科）・明石麻里（心療内科・ホメオパシー医）・奥田弘美（精神科医）・矢作直樹（医師）

・上野圭一（翻訳家）・由井寅子（ホメオパシー普及家）・岡田周三（正食普及家・故）・久司道夫（マクロビオティック普及家・故）光田秀（ケイシー療法普及家）・林真一郎（メディカルハーブ普及家）・林サオダ（バッチ博士の花療法普及家）・町田久（ビタミンマッサージ創始者・故）・萩尾エリ子（ハーバリスト）

・カール・サイモントン（医師・故）・グラディス・マクギャレイ（医師）・ウィリアム・ネルソン（科学者）・ジャック・バンヴェニスト（免疫学者・故）・バーバラ・ブレナン（ヒーラー）・ヨマンダ（ヒーラー）・エリック・パール（ヒーラー）・マリア・ルシア（ヒーラー）・アダラーコリンズ・慈観（ホリスティック・タッチ創始者）他

自然科学・ニューサイエンス系

・関英男（電気工学者・故）・正木和三（工学博士・故）・深野一行（工学博士・故）・五井野正（アカデミシャン・故）・保江邦夫（理論物理学者）・天外伺朗（工学博士）・井出治（フリーエネルギー研究家）・飯島秀行（フリーエネルギー研究家・故）他

心理系

・河合隼雄（臨床心理家・故）・松本文男（精神療法家）・木田恵子（精神分析家・故）・加藤清（精神科医・故）・上河扶紀枝（臨床心理士）・管靖彦（トランスパーソナル心理学系翻訳家）他

身体系

・高岡英夫（ゆる体操創始者）・成田かず子（かかと落とし創始者）・上原宏（5分間背骨ゆらし創始者）・吉田正幸（美手【Vitsyu】ヴィッシュ整体創始者）他

ネイチャー系

・小野田寛郎（自然教育者・故）・宮脇昭（生態学者）・木村秋則（自然栽培普及者）・川口由一（自然農普及者）・赤峰勝人（循環農法普及者）・高木善之（ＮＰＯ法人ネットワーク「地球村」代表）・設楽清和（ＮＰＯ法人パーマカルチャーセンタージャパン代表）・上遠恵子（レイチェル・カーソン研究者）・鳥山敏子（学びの共同体創設者・故）・佐藤初女（森のイスキア主宰・故）・ジョセフ・コーネル（シェアリングネイチャー創始者）他

その他　国内外の個人及びグループ

・フィンドホーン関係者・Ｒシュタイナー関係者・ＯＳＨＯの弟子たち（サニヤシン）・ミディアム（霊媒）・スピリチュアルカウンセラー・チャネラー・ヒーラー・サイキック・アニマルコミュニケーター・ヒプノセラピスト・ＵＦＯコンタクティー・アブダクション体験者・ホリスティックセラピスト・エサレンボディワーカー・スピリチュアリズム研究家・ミステリースクール関係者・心霊科学研究家・オルタナティブ教育関係者・臨床心理士・マクロビオティック関係者・ナチュラリスト・瞑想指導者・気功師・各種の補完代替療法・自然療法家・自然食指導者・内観指導者・各種の占術家（占い師）・風水師・プロダウザー・伝統宗教及び新興宗教関係者・古神道家・山伏（修験者）・神秘学研究家・神聖幾何学研究家・

超古代史研究家・カタカムナ研究家・龍神系能力者・いざなぎ流祈祷師・他多数

著者プロフィール　小笠原 英晃

著述家。心の対話士。複数の出版社で精神世界系の書籍や雑誌の編集に携わり、1998年以降はフリーの立場で活動を続ける。これまでに取材したスピリチュアルな領域における国内外の著名人や研究者はのべ500名以上。著書に『やさしくわかるアセンションナビブック』（分筆／マイコミ）『天才五井野正博士だけが知っているこの世の重大な真実』『木内鶴彦の超驚異的な超宇宙』（共にヒカルランド）他がある。

輝く人生を送るためのスピリチュアルガイドブック

精神世界の歩き方

スピリチュアルリーダーたちから教わったこと

2019年2月5日　初版第1刷発行

著　者　　小笠原英晃
発行者　　東口敏郎
発行所　　株式会社 BABジャパン
〒151-0073 東京都渋谷区笹塚1-30-11　4・5F
TEL　03-3469-0135　　FAX　03-3469-0162
URL　http://www.bab.co.jp/
E-mail　shop@bab.co.jp
郵便振替　00140-7-116767
印刷・製本　中央精版印刷株式会社

ISBN978-4-8142-0181-5 C2077

Design　Kaori Ishii